U0136903

武士道 vs. 基督教
明治武士道與基督徒的假面武士道

簡曉花　著

臺灣 學七書局 印行

自 序

　　本書是筆者繼上一本專書《當天皇 vs. 上帝時：近代日本基督徒如何避免信仰衝突？》之後所推出的日本現代思想史研究著作，筆者於上一本著作曾指出：近代日本基督徒的知識精英，他們置身於現實的現人神天皇國家體制以及自身唯一真神的信仰之間，為了不牴觸當代國體，因而必須對於禮敬天皇的國家制度行儀上有所妥協與適應，他們與國體之間時而迴避、時而妥協、時而融合的所呈現出的是一種可謂「馴化型」的特殊關係。在此，我們進一步所矚目的是：此時的基督徒也曾向世界拋擲了「武士道」一概念，引發了國際及日本國內對武士道議題的高度關注，不僅於此，基督徒對於新日本的新國民道德的議題討論亦皆有重磅參與，筆者即是聚焦此現象並加以研究，故有此新書問世。

　　日本的明治維新雖是在各層面上力求改革向西方看齊，但卻也並非是毫無自我的一味抄襲，特別引人注意的是維新後新體制的核心是「王政復古」的現人神天皇與神道，而此現人神天皇乃指以人的姿態顯現於世的現人神，神道則是指有別於佛教、基督教等一般宗教的國家神道，其整體而言是一種透過祭、政、教三管齊下所形塑而成的天皇制國家意識型態，而在此獨特的明治國家意識型態的帶領下，日本於明治期走過了西化改革及基督教文化洗禮，於大正期則迎來人格主義、民主主義等新思潮衝擊，而

另一方面，「王政復古」啟動後，人們也開始向傳統尋求新國民道德的依據，於是基督徒新渡戶稻造向世界揭示了武士道，由傳統再現的忠孝武士道遂成為天皇制國家意識形態的立體側面，與明治國家意識型態一同引導日本直至二戰結束。本書主要就是以如上之觀點出發，針對天皇制國家意識形態下的明治武士道及其與基督徒間的爭議以及後續發展加以研究探討，進而總結審視日本近代武士道的殊貌。

　　本書聚焦於明治時期諸多的武士道論述展開研究，撰寫之際，諸前輩屢屢給予建言，特此致上感謝。書中不足之處，懇請各界惠予指教，他日另行修正。

簡曉花　謹白　20240622

武士道 vs. 基督教
明治武士道與基督徒的假面武士道

目　次

iv   武士道 vs. 基督教：明治武士道與基督徒的假面武士道

第一章　序　論

　　慶應 3（1867）年 12 月 9 日明治天皇發布了〈王政復古の大号令〉，勅許德川慶喜辭去將軍一職，形同宣告幕府體制自此廢止，新政府就此啟動，爾後王政復古、「百事御一新」等明治維新的各項施策自此速行，各方面力求仿效西洋典制，基督教文明亦隨之大舉湧入日本，影響巨大。此際，明治國家則從宗教、政治、教育即所謂祭、政、教三管齊下，建立了新體制，恢復了「祭政一致」，賦予天皇神格並高舉「惟神大道」，陸續頒佈實施了《大日本帝国憲法》、〈教育勅語〉，自此以現人神天皇及神道等傳統思想為核心之天皇制國家意識型態昭然成形，並一路擴張滲透直至二戰結束。

　　以天皇制國家意識型態為基底的日本發展迅速，至甲午戰爭、日俄戰爭，接連打敗了長久稱霸亞洲的大清帝國及盤踞歐亞的俄羅斯帝國，擠進列強，驚艷世界，於是日本這個國家及其人民遂成為國際間的熱門議題。而約莫此時，世界知名的基督徒新渡戶稻造則以英文撰寫《武士道》一書在西方世界出版問世，並引發了國際及日本國內對武士道的高度關注。虔誠基督徒的新渡戶他在書中提示了是一個與基督教價值體系對峙的武士道，但他對於武士道的何去何從卻是主張應該要由基督教去孵育武士道的將來發展。總之，明治期的武士道議題的的確確是由基督徒掀起

了熱議，因此，當我們討論明治武士道時，理應不可迴避不去談基督徒所建構的武士道。

　　基督徒與明治武士道二者間的關係其實相當微妙，眾所矚目的武士道可謂是一種在明治天皇體制下發展而成的「臣民之道」，也是一種明治維新後新日本國民道德，換言之，這個道德就如前所述，它是一種以現人神天皇、神道為核心的祭、政、教三管齊下體制為背景的產物，其基本思維基礎即是由多神教性格的神道以及儒教等所構成。然而，一方面在此體制下一神教信仰的基督教陣營也正挾帶著其洋化改革優勢於日本蓬勃布教，基督徒與國家體制之間的矛盾衝突也隨之頻頻出現。因此，當基督徒在面對現人神天皇及神道的國家意識形態時，在其思維上則是呈現出衝突、迴避、妥協、吸納等等諸多思想營為，明治武士道即是如此多樣思想營為中所展開的概念。

　　對於明治武士道的探討，本書除了先大致掌握其內涵、性格之外，其後則更關注明治武士道與近代基督徒所主張的武士道二者間的爭議及其後續發展，在進入正式探討之前，我們有必要先針對本書的研究立場及目的以及其相關研究文獻進行大略的掌握與瞭解。首先，我們先從新渡戶稻造的武士道與明治國家意識形態、明治國家意識型態下發展的武士道、以及近代的日本論等三個層面切入介紹，並以此揭示本書的明治武士道研究立場與目的以及本研究之意義所在。其次，再以「明治武士道之研究」、「近代基督徒與天皇制關係之研究」、「明治大正基督徒研究」三面向，重點回顧相關研究文獻，並評述其研究進展及其尚待處理之課題，最後，再揭示筆者自身之研究方法，簡述本章所延伸出之重點，並以此銜接開啟本書之各章。

一、本書的明治武士道研究立場與目的

談論明治武士道，必不可跳過的一個大前提：明治國家意識形態。它是一個以現人神天皇、神道為核心的國家意識形態，其發展至 918 事變後，天皇統帥權之行使順序遭到軍部翻轉，軍部以此實質掌控主導了「統帥權」直至二戰結束，因此一般史家認為在此期間的日本可謂進入了「怪胎國度」[1]，日本即是在此特殊國度時空下，以神道皇國的意識型態鼓舞牽引著國家人民走上戰場，故此國家意識形態之重要性及特殊性自是非同小可，然而，我們更應該特別留意的是該意識形態的立體側面——武士道，該武士道闡述著皇國的臣民之道，它也在此時獲得了日本及世界的大量關注與討論，意義非凡，不容小覷。

1. 新渡戶稻造的武士道與明治國家意識形態

武士道一詞彙至晚已於江戶文獻中開始零星出現，詞頻並不高，而它並非是一開始就在日本就被高度的討論與重視，遲至明治維新，日本急速西化，至明治 32（1899）年新渡戶稻造以一本英文著述《武士道》向西方世界說明了日本其實本來就有一個

---

[1] 昭和 5（1930）年濱口雄幸內閣在處理《限制和削減海軍軍備條約》簽署換印時，即便連政府官員自身亦大聲公開批判天皇的統帥權既已遭「干犯」，隔年 918 事變後，陸軍暴走，原本神聖不可侵犯的天皇統帥權之行使順序上又同樣的再次遭到翻轉，以降屢屢發生，歷史小說家司馬遼太郎也指出昭和 5（1930）年日本進入了「異胎の国」的狀態，一般也認為日俄戰爭戰勝至二戰戰敗的 40 年間為「異胎の国」，詳見司馬遼太郎，《この国のかたち》〈1〉（東京：文藝春秋，1996），頁48。

足與西方基督教精神對峙的國民精神：那就是一個以神道、佛教、儒學為思想淵源的武士道。日俄戰爭戰勝後，居中調停的美國羅斯福總統對於新渡戶的《武士道》公開推崇並給予高評，新渡戶的《武士道》這本著作恰巧是從文化層面上回應解釋了東方的日本何以戰勝了西方強國的質疑。自此武士道一詞享譽國際，甚至還引發了當時日本國內輿論對武士道的重視與討論。如上所述，明治武士道既與基督徒新渡戶稻造的《武士道》關係緊密，而實際上如後文所述，明治武士道從成形到後來的發展，基督徒新渡戶稻造均參與其中，因此我們有必要先從新渡戶稻造談起。

（1）關於新渡戶稻造的武士道

眾所皆知，以英文向世界闡述「武士道」的新渡戶，他其本身是一位著名的基督徒，然而，矛盾的是當時在日本國內，新渡戶所面對的現實卻是日本當權主流派對基督徒的批判打壓，基督徒知識分子置身於如此之時空背景下，挾在唯一真神信仰與神道、現人神天皇之間，他們的作為被當權主流派井上哲次郎等人批判攻擊是表面的虛偽[2]，他們的言論著作也遭受到國家的關切檢查，在面對如此的國家思想體制高壓，基督徒的因應或是對其批判或是迴避、或是對其融合，形形色色的形成了一種所謂「馴化型」之國家意識形態的展現。

本書的問題意識是：在明治國家意識形態下，當時其實有許

---

[2] 井上哲次郎批判基督徒因為教義的關係其實根本無法融入日本國體，他們在神社跟著奉讀〈教育敕語〉、參拜「御真影」都是偽裝苟合，而並非真正發自內心的愛國。詳見簡曉花，《當天皇 vs. 上帝時：近代日本基督徒如何避免信仰衝突？》（臺北：臺灣學生書局，2021），頁28。

多人也都主張了武士道，如前所述，與國際接軌的基督徒新渡戶稻造，他向世界提出了轟動國際的武士道，而學界當權主流派者例如東京大學的井上哲次郎等人也高調的出版了武士道叢書來倡導武士道[3]，但是，當權主流派卻嚴厲指責基督教陣營的是冒牌偽裝，而對此，基督教陣營的知名基督教思想家同時也是新渡戶同窗好友的內村鑑三則反擊叱責那些自認愛國的批判者其實才是虛假，而自己的才是正港的愛國[4]。那麼，國家意識形態高籠罩下，飽受爭議卻也一路參與武士道論述的基督徒們所提出的武士道其究竟所指為何？換言之，基督徒一方面「馴化」妥協於國家意識形態下，一方面又積極吸納消化國際思潮，他們前前後後所提出的武士道主張之內容究竟為何？耐人尋味，有待釐清，更有必納入明治武士道的研究觀察對象。

筆者很早就注意到《武士道》的著者新渡戶稻造並投入研究[5]，經長期鑽研結果發現：新渡戶稻造出身武士家庭，雖然後來

---

[3] 關於井上哲次郎的武士道論述，近期的堀川峻、酒井利信、大石純子，〈井上哲次郎の武士道思想に関する一考察：近代武士道隆盛以前からの連続性に着目して〉，《武道学研究》55 (1)（東京：日本武道學會，2022），頁 13-26 值得注意。該研究乃以井上哲次郎為例探討明治武士道與江戶武士道之間的接續問題，該研究指出井上主要認為武士道的精神應在明治被實踐繼承，在撰寫武士道的思維上，井上明顯在1893 年開始出現歷史性的考察以及批判基督教之傾向，他的武士道及倫理道德教育主要是在 1901 年前逐步形成。

[4] 內村鑑三叱責所謂高喊愛國的人其實是表面虛假，而自己才是真正的愛國實踐者，詳見簡曉花，《當天皇 vs. 上帝時：近代日本基督徒如何避免信仰衝突？》（臺北：臺灣學生書局，2021），頁 67-70。

[5] 詳參簡曉花，《新渡戶稻造研究——『武士道』とその後》（臺北：南天書局，2006）。

在札幌農學校（今日北海道大學前身）接觸到新式教育及《聖經》並受洗為信徒，但其實他在思想上卻依然深受傳統思維所規範，《武士道》一書之思想是在基督教及《聖經》之外衣下，實際包裹著儒學的四書五經及佛教、神道等濃厚傳統元素的產物，此傾向更進而延伸至其倫理實踐書籍《修養》，該書也一貫呈現出一種基儒折衷的獨特思維[6]。然而，一方面，新渡戶卻在這本《武士道》的序言〈上英文武士道論書〉中則露骨表明：這本著作其實是在向萬世一系的天皇效忠而有[7]，換言之，以《武士道》享譽國際的新渡戶稻造，他一方面既是在倡導武士道與國際強權的基督教文明接軌的同時，另一方面其「馴化」妥協於國家主義之痕跡卻又明顯確鑿，如此兩面性格之的「武士道」，啟人疑竇，耐人尋味。

　　總之，從筆者長期的新渡戶稻造《武士道》研究觀察得出，傳統四書五經為主的武士家庭出身的日本知識分子，他接受了西方教育及基督教，後來在建構新日本精神時，則是以與西方的基督教對峙之形式，進而形塑出一個以四書五經及佛教、神道為淵

---

[6]　詳參簡曉花，《新渡戶稻造研究──『修養』の思想》（臺北：南天書局，2014）。

[7]　新渡戶稻造曾在〈上英文武士道論書〉上明示這本書的撰寫是「伏惟皇祖肇基，列聖繼緒，洪業光四表，皇澤遍蒼生，聲教之所施，德化之所及，武士道茲興，輔鴻謨而宣揚國風，為眾庶而歸忠君愛國之德，以斯道卓然，宇內之儀表也。然外邦之人，猶未詳之，是真可憾也。稻造於是作武士道論」、「庶幾皇祖皇宗之遺訓與武士道之精神，傳之外邦，以報國恩之萬一」，最後署名「京都帝國大學法科大學教授從五位勳六等農學博士新渡戶稻造再拜白」。詳見新渡戶稻造著、櫻井鷗村譯，《武士道》（東京：丁未出版社，1908），頁1-5。

源的武士道，新渡戶以這本《武士道》撼動明治，但在明治國家
意識形態下，其實這本武士道的著作卻是「馴化」妥協於國家主
義的基儒折衷產物。新渡戶後來至大正期出任了國際聯盟事務次
長，活躍於國際，也持續吸納了各種國際新思想，先後歷經了明
治期的基督教思潮以及大正期民主思潮接踵而來的洗禮，他先是
在明治時期用《武士道》專書向世界介紹了「武士道」，後來到
大正時期又提出了平民道之主張，還主張平民道就是先前自己所
說的武士道，而且還直接說平民道就是民主主義、也絕對不會和
日本國體衝突[8]，那麼，如此的平民道的主張究竟與其先前的
《武士道》的主張之間，究竟在性質上有何聯繫？究竟跟國體有
何關係？換言之，當我們在省思明治國家意識形態下，明治武士
道一路從與基督教文明接軌發展至大正期民主思潮衝擊時，新渡
戶稻造所主張的「平民道」與先前他在《武士道》所談的，二者
的內在聯繫所呈現之獨特樣貌為何？格外引人注意，實值深究。

(2) 關於明治基督徒與國家意識形態

筆者於近年特別著力於明治基督徒與國家意識形態之關係研
究，並初步歸納得出一種名曰「馴化型」之關係，並集中進行一
系列研究，且將其成果陸續公開並匯集成一本專書出版[9]，就教
於各界。依據此專書之研究觀察指出，此時期基督徒身上與傳統

8　〈平民道〉為新渡戶稻造投稿於由実業之日本社所發行的《実業之日
本》二二卷一〇号（1919 年 5 月 1 日）刊載之文章，本論文之底本則為
收錄於新渡戶稻造著、鈴木範久編，《新渡戶稻造論集》（東京：岩波
書店，2007），頁 215-222。

9　簡曉花，《當天皇 vs. 上帝時：近代日本基督徒如何避免信仰衝突？》
（臺北：臺灣學生書局，2021）。

思想間存在著明顯的基儒折衷傾向，且明治國家意識形態本身則
又內含現人神天皇、神道等傳統思想，明治國家意識形態與一神
信仰的基督徒之間，其實是一種既衝突又妥協之關係，是一種
「馴化」型之國家意識形態。針對該成果，進而激盪衍生出本書
之研究問題：在「馴化」妥協於國家意識形態下，諸多武士道論
述陸續出現，武士道之內涵、性格亦逐步形成，而吸納國際思想
的基督徒所主張的一連串「武士道」究竟為何？就此問題，本書
展開研究探討。

　　換言之，在明治武士道之形成與推動上，基督徒扮演了極為
重要之角色，他們一方面積極的汲取消化了國際間興起的各種新
思潮主義，另一方面當他們在面對現人神天皇及神道時，於當權
主流派的批判高壓之下，他們的思想營為與明治國家意識形態之
間，時而迴避、時而妥協、時而融合的所呈現出的是一種可謂
「馴化型」的特殊關係，而同樣的，基督徒在討論當時輿論所高
度關注的議題：日本人或日本人精神時，他們也高聲倡導武士道
並參與討論，然而，他們的主張卻是屢屢與當權主流派的武士道
形成緊張對立。因此，從明治至大正，國家意識形態的重壓逐步
升高磅數之際，基督徒他們持續的吸納了基督教文明、人格主
義、民主主義等新的國際思潮，此時他們所主張的武士道究竟是
呈現如何之樣貌？實值確認存疑，故筆者在本書除重視明治武士
道之內涵、性格之外，亦對基督徒的武士道所引發的爭議以及其
後續發展格外關注，乃至最終欲進一步指陳此時期基督徒呈現的
所謂「假面武士道」的現象。

2. 明治國家意識型態下發展的武士道

　　眾所皆知，二戰結束前的武士道相關書籍眾多，例如佐伯有義等人共編的《武士道全書》第 1-9 卷[10]、以及後來擴編再出版成井上哲次郎監修的《武士道全書》12 卷等均為知名之武士道大叢書[11]，其各自蒐羅之內容與武士道之密切關連性或許仍有待商榷，不過姑且可說此類叢書大致是收錄了從古至今大量的武士道相關書籍與文章，且由此可窺知在二戰結束前武士道無疑的是在日本曾獲知識界高度的重視與討論。而與此同時，我們必須注意的還是此時期的背景前提：鋪天蓋地牽引日本至二戰結束的明治國家意識形態。對此意識形態，如前所述，筆者曾研究並出版專書指出基督徒首當其衝並顯然的妥協「馴化」於此國家意識型態。而本書這次除了釐清明治武士道之內涵、性格以及其與基督徒爭議之外，更欲廓清的事實即是：明治至大正，基督徒一方面「馴化」妥協於國家意識形態，一方面亦吸納消化國際思潮，彼等於前前後後所提出的「武士道」究竟有何變化？此問題之釐清亦為本書研究目的所在。

　　關於此，眾所皆知，影響明治期、大正期的外來思潮分別為基督教思潮及民主主義，其中還必須注意的是幾乎與大正期的民主主義同時興起的人格主義、教養主義。近代日本的基督徒置身於國家意識型態下，彼等積極的吸納了這些思潮並在武士道議題

---

[10]　佐伯有義、植木直一郎、井野辺茂雄共編，《武士道全書》第 1-9 卷（東京：時代社，1942-1943）。

[11]　井上哲次郎監修、佐伯有義、植木直一郎、井野辺茂雄共編，《武士道全書》第 1-12 卷（東京：國書刊行會，1998）。

亦展現其思想營為，並且產生了前後變化，實值注意，以下我們就基督教思潮、教養主義及人格主義、民主主義與武士道之關係分述三點如下。

（1）關於武士道與基督教思潮之關係

　　新渡戶稻造以《武士道》一書引發了世人對武士道的高度關注與討論，而如前所述，該書雖高舉基督教、武士道兩者融合之主張，但也同時等於是表態自認了自己這本著作是「馴化」於明治天皇、妥協於國家意識形態之著作，而也正因此對於〈教育勅語〉強烈批判的基督教橫濱派首腦人物植村正久就曾經特別發文強烈批判新渡戶的《武士道》[12]，因為就植村來看，新渡戶所主張的基督教武士道恐怕是背離了基督教的本義、甚或是根本多此一舉[13]。至後來進入大正期，新渡戶又再次主張了武士道，這次武士道搖身一變成為平民道、甚至它還是一個與國體不衝突的民主主義，而此類武士道主張顯然與明治 20-30 年代因不禮拜〈教育敕語〉、「御真影」所引爆的「教育と宗教との衝突」的基督教知識分子的悲情抵抗之間早已漸行漸遠，總之，無論是在明治

---

[12] 新渡戶之《武士道》問世後，植村正久便隨即於《福音新報》介紹該書，並於 1901 年 3 月 6 日、20 日《福音新報》上，發表武士道一文，對新渡戶之《武士道》有所評論，詳見簡曉花，〈析論植村正久之基督教與武士道關係〉，《東華人文學報》8（花蓮：國立東華大學人文社會科學學院，2006），頁 151。

[13] 吉馴明子，〈植村正久の「明治武士道」からの分離〉，《明治学院大学キリスト教研究所紀要》50（東京：明治学院大学キリスト教研究所，2018），頁 249-268 指出植村正久對傳統的武士道展現決別姿態，植村除了批判傳統武士道之外，他也還對當時假借著武士道而將崇拜天皇及國民道德絕對化的傾向加以批判。

期的基督教武士道也好，或在大正期的平民道、民主主義的武士道也好，世界知名基督徒的新渡戶稻造，他融合了基督教、民主主義等所建構出來的武士道實際上是「馴化」妥協於國家意識形態，顯而易見，無庸置疑。

(2) 關於武士道與教養主義、人格主義之關係

關於此時期的武士道，我們尚必須先從教養主義、人格主義談起。近代日本制度大幅西化，西方當道的民權運動亦在日本隨之興起，也因而出現了不少暴動衝突事件，對此日本啟蒙之父福澤諭吉則公然分析批判：此際若貿然在日本導入民權運動是時機尚早，因為關鍵問題並非是說帝國是否已經有無建立完成了議會及選舉制度，而是在於帝國人民的素養基礎根本還是無法接軌民權概念，若倉促躁進仿效西方，照單全收的實施，其實無法落實真正的民權、民主，而只會成為暴民政治[14]。福澤諭吉自身也因此而率先創辦慶應義塾（今日慶應大學之前身），他主張必須先由教育進行改革做起，此舉蔚為風氣，而西方所謂教養主義、人格主義也在當時成了參與高等教育的思想家們的重要課題[15]，於此，明治 30-40（1897-1912）年代在日本各界也確實興起了一股修養風潮，而基督徒主要人物例如札幌派的新渡戶稻造、旁系的

---

[14] 福沢諭吉著、永井道雄編，《日本の名著 (33)福沢諭吉》（東京：中央公論社，1984），頁 87-89。此外，福澤諭吉對民權運動的批判詳參茅野良男、藤田正勝編，《転換期としての日本近代——日本人が体験した歴史からの思考》（京都：ミネルヴァ書房，1999），頁 182-184。

[15] 與「教養主義」、修養風潮幾乎同時成潮流的則是「人格主義」，人格主義主要是由阿部次郎在大學所倡導，影響多數知識青年及教授同僚，格外引人注意。

松村介石等亦紛紛積極投入新時代人民的養成教育，且各自出版了相關專書[16]。其中，必須特別注意的是，熊本派基督徒的浮田和民所提出的人格武士道。浮田是早稻田大學法學教授，他在一場演講中公開主張反對軍隊士兵不投降自盡殉職之作法，因而引來當權主流派的軍部佐藤正少將、東大教授井上哲次郎等人的攻擊批判，也引爆了明治30年代輿論界的武士道大論戰[17]，在這場論戰中，井上哲次郎直接點名批判了浮田根本是日本傳統武士道的盡忠切腹理念的背叛者，更嚴厲責難基督教徒根本無法與這個美好的日本國民傳統精神相容。飽受攻擊的浮田於論戰後，則將自己多年的主張集結彙整成大正4（1915）年所出版的《社会と人生》[18]、《文明の世》[19]兩本書，在書中進一步解釋重申自己所主張的武士道其實是一種不侷限於武士軍人的精神，是一種適用於所有職業、階級的人格武士道，這種武士道接近西方個體自我發展的人格養成，他認為帝國臣民應該以此自我人格養成素質來向國家盡忠[20]。而無獨有偶，把人格主義與武士道進行扣合的

---

[16]　詳見簡曉花，〈明治30-40年代における修養主義に関して：松村介石の場合を中心に〉，《台湾日本語文学報》33（臺北：臺灣日本語文學會，2013），頁297-321。

[17]　該論戰又名「佐藤対浮田論」，參與論戰者不少，陸軍少將佐藤正之外尚有井上哲次郎等人，其多數文章後來被收錄於秋山梧庵編，《現代大家武士道叢論》（東京：博文館，1905）。

[18]　浮田和民，《社会と人生》（東京：北文館1915）。

[19]　浮田和民，《文明の世》（東京：博文館，1915）。

[20]　詳見簡曉花，〈明治武士道に関する一考察──『現代大家武士道叢論』と浮田和民における武士道〉，《臺大日本語文研究》38（臺北：臺灣大學日本語文學系，2019），頁105-131。

還有一位基督徒綱島梁川，他在明治 30 年代的武士道大論戰發
生後，特別於明治 38（1905）年發表以「武士道と人格の觀
念」[21]大談人格武士道以聲援浮田和民，至後來至大正期，新渡
戶稻造談論武士道、平民道時，他除了主張與國體不衝突的民主
主義，也談到人格主義。總之，基督徒知識菁英浮田和民所說的
人格武士道遭遇到國家意識型態當權主流派的合力圍剿批判是事
實，而歷經浮田，至大正期新渡戶的向國家意識形態妥協的所主
張的所謂平民道的武士道、人格主義也是事實，那麼，在國家意
識形態高壓背景下，基督徒吸納了教養主義、人格主義之後所提
出的武士道，究竟內容實體為何？謎題重重，有待解密。

(3) 關於民主主義與武士道之關係

關於民主主義與武士道的關係，首先，我們必須先從大正法
學流派主張的重要變化論談起。起初關於天皇與國家主權的關係
的法學主張，主要有美濃部達吉「天皇機關說」以及穗積八束及
上杉慎吉的「天皇主權說」兩派主張[22]，兩者同樣是由東京帝國
大學法學教授所發起，兩者也同樣是以天皇制為前提。只是，前
者的「天皇機關說」比較接近西方君主立憲，後者的「天皇主權
說」則意指主權在天皇祖先即「皇祖皇宗」、比較接近「神勅主
權說」，然而，隨著國家意識形態的強化發展，歷經一連串政爭
及學術論戰後，兩者後續發展的命運卻大不相同。「天皇機關

21　綱島梁川於明治 38 年 1 月發表〈武士道と人格の觀念〉一、文章，後
　　收錄於同年 7 月出版的綱島梁川著，《梁川文集》（東京：日高有隣
　　堂，1905），綱島之該文章則於後文再詳述。
22　詳參佐藤弘夫，《日本思想史》（京都：ミネルヴァ書房，2005），頁
　　248-249。

說」起先是佔上風，約於大正 9（1920）年－昭和 5（1930）年左右[23]以議會、政黨等制度約束天皇主權行使已成為普遍公認的憲法學說，同時在民本主義推波助瀾下形成了所謂大正期民主主義的思潮，然而，最後至昭和，大約於「統帥權干犯」後，軍部翻轉天皇支配權以先斬後奏之形式逕而主導國家政治，自此，「天皇主權說」後來居上反而成為政治正確，而主張「天皇機關說」的美濃部達吉則因為與現人神天皇的國體不相容而遭控以「不敬罪」移送警調，他的諸多重要著作遭到查禁出版，憲法學說馴化於國家意識形態之後，「天皇主權說」逆轉成主流，換言之，法學主張臣服馴化於國家意識形態之前後變化，昭然可見，無須贅述。

其次，眾所皆知，日本近代的民主主義的思想特徵之一即是自始至終貫穿著國家意識型態的因素[24]，我們由大正民主主義推手吉野作造的民本主義便可窺知端倪。Democracy 原本在明治時期是被翻譯成民主主義、民本主義，但吉野作造所主張的卻並非

---

23 眾所皆知，昭和 5（1930）年濱口雄幸內閣在處理《限制和削減海軍軍備條約》簽署換印時，即便連政府官員自身亦大聲公開批判天皇的統帥權既已遭「干犯」，隔年 918 事變後，陸軍暴走，原本神聖不可侵犯的天皇統帥權之行使順序上又同樣的再次遭到翻轉，以降屢屢發生，換言之，天皇神聖統治下，在其統帥權行使時，天皇、國會卻在實質上先被跳過，如此少數軍國會議之強力政治竟成為常態，此類情形及言論主張可謂國家意識形態之「翻轉型」展現，亦可謂標準型國家意識形態的變形展現。

24 關於日本近代的民主主義的思想特徵，孫道鳳，《日本大正民主主義思想研究》（北京：中國社會科學出版社，2020），頁 261-270 曾列舉 6 點說明，其中第二點指出國家主義始終貫穿之看法精闢妥是，值得參考。

是一般的民主主義，而是民本主義[25]，那是一種符合當時日本國體的民本主義的 Democracy，換言之是一種在天皇制度下的臣民的主權在民主張，而所謂民本主義其實就是一種馴化妥協於國家意識形態的 Democracy 主張，無怪乎吉野他不以民主主義稱之而以民本主義稱之。再者，吉野作造就曾批判指出就法的行使的結果來看，軍部不經內閣議會直接上奏天皇的「帷幄上奏」之現象其實在平時、戰時都是有可能會發生存在的。然而，吉野的批判並沒有讓憲法得到該有的修正，卻恰巧反而被軍部利用解釋成：軍部上奏天皇的「帷幄上奏」翻轉天皇主權的行使方式是一種出自憲法原理的自然合理現象，換言之，原本一個與國家意識形態間不見得一致的民本主義的有待解決的問題，反被軍部利用做為國家意識形態天皇統治權遭翻轉的合理化護航。

　　如前所述，在大正期，美濃部的「天皇機關說」是與民本主義、民主主義互相推波助瀾，既然美濃部達吉至後因有礙國體的「不敬罪」遭到彈劾被迫辭去貴族院議員，因此連帶出現的問題是：既然「天皇機關說」遭彈劾是政治不正確，則所謂民主主義與國體的關係自然連帶的也成為政治檢驗查核的對象。因此，無怪乎如前述所說的，基督徒新渡戶稻造會大聲疾呼自己所說的平民道就是自己先前講的武士道、就是 Democracy，並且還要大聲宣稱 Democracy 與國體並不衝突，此武士道主張無疑就是與當時大正民主主義遇到國家意識形態受挫轉彎息息相關，而此時新渡戶的所謂 Democracy 平民道的武士道究竟所指為何？目前學界並

---

[25]　詳茅野良男編、藤田正勝編，《転換期としての日本近代──日本人が体験した歴史からの思考》（京都：ミネルヴァ書房，1999），頁192-193。

無解答，亦值得探索。

　　總之，置身於明治國家意識形態之下，基督徒吸納基督教思潮、教養主義及人格主義、民主主義之後，陸續的主張了武士道，其前前後後所展現的武士道均可窺出馴化妥協於明治國家意識型態之特質，換言之，武士道不管是吸納了如何之外來思想而有，但終究必須是戴著明治國家意識型態的假面下才能現形展開其主張，如此戴著假面的武士道的具體展現及內容或許還有待仔細推敲，但其存在大致可推定無疑。因此，本書先掌握明治武士道的內涵、性格後，進而探討明治武士道與基督徒之關係及其爭議，最終勾勒馴化於明治國家意識型態且吸納外來思想之後而有的武士道之思想樣貌。

3. 關於近代日本論

　　所謂日本論一詞就是在思考討論日本人或日本文化為何？日本的獨特性為何？關於此議題，武士道則幾乎已成日本精神之代名詞，而武士道一詞是遲至明治才一躍知名，故明治武士道無庸置疑緊扣著所謂日本論的核心。

（1）明治武士道即為複雜錯綜的近代日本論之根源所在

　　日本江戶時代的國學大師本居宣長就曾在和歌裡說「若人問起大和心，譬如朝日輝映山櫻」即是直接將日本人比喻為櫻花[26]，此一說法至今仍為日本論之經典，但日本論實際上真正在輿論界喧囂沸騰則是要遲至明治維新西方文化橫掃日本之後，日本

---

[26]　本居宣長之和歌原文為「敷島の大和心を人問はば朝日に匂ふ山桜花」，「敷島」為和歌之枕詞，「大和心」即為日本心之意，與「漢意」為相對之用語，「漢意」則指受中國文化影響之思維。

興論才開始高度討論摸索帝國新日本的國民精神為何？對此，筆者曾指出此際岡山鐵舟、井上哲次郎等人都紛紛從不同的立場提出武士道[27]，其中則以新渡戶稻造的《武士道》為最著名，他們所說的武士道內容雖不盡相同，但這些皆不外乎就是將武士道直視為帝國日本的臣民之道，換言之，臣民之道即是帝國日本明治武士道的性格本質，如此的思維至延伸至二戰期間與日本精神裡應外合的成了驅使人民奮勇出征的政宣標語。

　　二戰結束後，美軍接管了日本，修改了憲法，後又歷經韓戰後，日本經濟急遽起飛，因此日本獨特性的研究探討又再度成為關注焦點，只是「武士道」一詞由於過去二戰期間日本精神之負面形象所牽累因而在戰後的學界一度沉寂遠離了主流議題，筆者曾指出即便是大名鼎鼎的司馬遼太郎也仍是選擇避免爭議而只能迂迴的在作品去吐露自己對明治武士道的美好嚮往[28]。相對的，二戰後的現代知識分子對於日本論的摸索則是以社會學、心理學等探討方式最為引人矚目，例如中根千枝在《タテ社会の人間関係》指出傳統之日本社會就是依個人所在之團體以及其「タテ」縱向所發展而成的組織[29]，土居健郎則在《甘えの構造》主張希望建立一種被外界認同的關係的「甘え」之想法即是日本人特有

27　簡曉花，〈明治 30-40 年代における武士道論に関する一考察─伝統思想への反省を中心に─〉，《臺大日本語文研究》31（臺北：臺灣大學日本語文學系，2016），頁 129-153。

28　簡曉花，〈《坂の上の雲》之武士精神──與明治期武士道之比較〉，《思與言 人文與社會科學期刊》54(1)（臺北：思與言人文社會學社，2016），頁 59-89。

29　中根千枝，《タテ社会の人間関係》（東京：講談社，1967）。

之心理[30]。

　　另一方面，對日本的討論並不僅限於日本人，在國外亦被重視高度討論，美國學者Ruth Benedict《菊と刀》（*The Chrysanthemum and the Sword*）則為其代表，Benedict通過她個人對二戰期間日軍戰俘的觀察紀錄研究指出日本文化是一種「恥的文化」、是一種與歐美之「罪的文化」相對的文化體系[31]，此思維路線無疑是大致承接自新渡戶稻造《武士道》中的日本武士道、西洋基督教的二元對立論述的延伸。相對於此，韓國學者李御寧在《「縮み」志向の日本人》則是以日本與東洋他國做對比，指出短小簡約之取向乃為日本人之價值觀特徵[32]。

　　二十一世紀對於日本的探討必須特別注意的是藤原正彥之《国家の品格》[33]，藤原該書是近年日本難得一見的暢銷書，具有一定的輿論影響力及指標性，他在書中直接正面指出：具有對自然的感受性與武士道精神正是日本特色及品格之根據所在，此書之影響所致，日本近年對武士道之矚目關心及人氣迅速攀升。另一方面，眾所皆知，前總統李登輝先生則於稍早既已公開主張：現今受過日本教育之臺灣人才具有所謂的「日本精神」，而現今日本人所欠缺的精神就是武士道精神，他認為日本精神即為武士道精神。李登輝由於是退位元首的關係，他所著的《武士道

---

[30]　土居健郎，《甘えの構造》（東京：弘文堂，2007）。

[31]　Ruth Benedict，《菊と刀》（東京：講談社，2005）。

[32]　李御寧，《「縮み」志向の日本人》（東京：講談社，2007）。

[33]　藤原正彥，《国家の品格》（東京：新潮社，2005）。

解題——ノーブレス・オブリージュとは》[34]在臺灣、日本當時皆極具媒體輿論渲染力，然而，嚴格而論，這本書的內容其實只是明治時期新渡戶稻造《武士道》敘述的鋪陳開展。

　　總之，今日武士道一詞已在世界及近期的日本及臺灣也受到高度的重視與討論，最知名的 Ruth Benedict 的《菊と刀》論述猶有新渡戶稻造之《武士道》的延續殘影，而李登輝的論述則乾脆直接是新渡戶稻造《武士道》的演繹延伸，而這些論述大致都可追溯至明治時期新渡戶稻造之《武士道》，換言之，今日所討論的日本論或武士道一詞的源頭及發展，並非是二戰期間的「日本精神」一概念即可一錘定音，而是必須上溯考證至明治時期新渡戶稻造《武士道》性質即帝國日本的臣民之道才可逼近其全貌本義。本書之研究即是欲藉著掌握明治武士道之內涵、性格及爭議，並釐清武士道之吸納外來思想且馴化於明治國家意識型態的「假面」特質，以凸顯日本人武士道精神裡對天皇制的「馴化」妥協的根深蒂固特質，以有助於檢視現代複雜錯綜的日本論。

(2) 明治武士道連動日本近年國家國民自我認同議題發展

　　令和 4（2022）年日本前首相安倍晉三在政壇高呼「臺灣有事、日本有事」，安倍遭槍擊逝世後，該策略則由接班人現任首相岸田文雄所繼承，但岸田上任後卻立刻指定由親中的林芳正出任外務大臣，意味著微調糾偏安倍時期對中關係緊張的緩和平衡，總之，中日邦交正常化及臺日斷交迎來滿 50 週年，日本的對中關係的對立緊張出現了前所未有的高點，而同時日本對臺關

---

[34]　李登輝，《武士道解題——ノーブレス・オブリージュとは》（東京：小學館，2003）。

係的友善緊密也出現了前所未有的高點，不論是就日本、臺灣而言，或是就美國印太戰略而言，日本與臺灣的關係著實牽涉到臺海和平，也維繫著東亞的命運，因此，作為臺灣學者也有必要對日本政壇及輿論有正確的認識。

　　目前日本政壇主流原則上仍是延續安倍晉三所主導的路線，安倍是日本史上在位最久的首相，然而，我們從安倍政權時代所任命的右派人事佈局來看，例如防衛大臣稻田朋美、文科省大臣柴山昌彥等等，以及後來他挹注扶持頌揚〈教育敕語〉右派色彩的「森友學園」等等一連串事件來看，甚至是從安倍家族起家世代所累積之地緣背景來看，安倍的右派價值觀及文化認同早已舉世皆知，不言自明。安倍曾在其著作《新しい国へ　美しい国へ》[35]則更直接挑明直言日本的國家性格就是天皇制，認為天皇就是為百姓祭祀祈福，萬世一系綿延至今，此外，安倍政權更與日本最大的學術團體「日本会議」這個右派思想團體的勢力匯流，近年更是明目張膽裡應外合的推動日本和平憲法（第九條）修改案，企圖恢復日本作為一個所謂「正常國家」所該具有的國防力量及自我定位，因而引來不少輿論爭議及街頭抗議。

　　對於上述的日本右派勢力對「皇國日本」的憧憬以及重返明治榮耀之汲汲營營，日本輿論界的有識之士亦敏銳察覺公開批判，例如《日本会議　戦前回帰への情念》[36]、《戦前回帰「大

---

[35]　安倍晉三，《新しい国へ　美しい国へ》（東京：文藝春秋，2006）。

[36]　山崎雅弘，《日本会議　戦前回帰への情念》（東京：集英社，2016）。

日本病」の再発》[37]之研究就是直接點名「日本会議」與安倍政權皆呈現具有「大日本病」症狀的勃勃野心，而《日本会議の正体》[38]的研究則更是露骨的指出「日本会議」與安倍政權之間的共振關係，而這股橫跨政界、學界的右派勢力他們所嚮往的即是明治國家意識形態下的祭政教育三管齊下體制的美好延續，而這股勢力則正好與上述的藤原正彥的《国家の品格》所大力倡導的武士道的國民自我認同，推波助瀾，襯托呼應。然而，右派的所謂日本二戰結束前的輝煌記憶光榮招牌，其實背後是由皇民戰死沙場效忠犧牲的悲痛過去所默默撐起，也正是因為這段慘痛記憶而驅使著日本輿論界反右派勢力加大力道的監督批判，甚至到了平成 28（2016）年明仁天皇在表明退位意願之際，天皇制議論隨之沸騰喧囂，至平成 30（2018）年的「日本世論調查会」實施改憲調查中，竟然有高達 22% 的民眾表示應該要檢討天皇制。

　　天皇制所牽涉到的其實就是明治時期以來的老問題：宗教自由及政教分離原則之間的矛盾。在明治國家意識形態下，天皇既是現人神天皇也是政治上的領袖，臣民一律對〈教育勅語〉及「御真影」的奉讀禮拜則是不可挑戰的政治正確，爾後又出現了基督教知識分子的反彈批判以及對其鎮壓，爾後，向其妥協馴化的基督徒新渡戶稻造則在著作中拋出了定義解釋：天皇是日本國民統合的象徵。幾經時間流轉，昭和 20（1945）年日本戰敗投降，天皇自我宣告為人間天皇，新渡戶的象徵性天皇的定位主張

37　山崎雅弘，《戦前回帰「大日本病」の再発》（東京：朝日新聞出版，2018）。

38　青木理，《日本会議の正体》（東京：平凡社，2016）。

則搖身一變成為美軍接管日本、監督修憲時的基本立場，天皇也以此象徵性元首之定位在戰後的新日本憲法中得以延續命脈，成為虛位元首，延續至今。而今日右派重返大日本榮景及堅守明治天皇制及武士道之野望，呼之欲出，屢屢引來爭議，之中又以基督教陣營對此最為敏感沉痛，換言之，所謂圍繞著天皇制的政教分離議題的情節，低音拗執，旋繞至今，且記憶猶新，故態復萌。

明治國家意識型態的天皇制及宗教之間的問題並非是過去式，而是內建於現代日本且牽引著日本政壇自民黨主流的價值觀，而緊握此價值觀的「日本会議」的支配力量的一方與對其嚴加批判的輿論勢力的一方，彼此尚在相互攻防，拉扯角力，因此，究竟內建於日本人精神底層的自我認同暨所謂的武士道其究竟所指為何？依然紛擾未定，有待重新商榷。臺灣與日本同位於在太平洋第一島鏈，在過去曾歷經 50 年左右的日治時期，也經歷過所謂皇民總動員參與二戰，現今又與日本經貿互動頻繁，並列為印太戰略之一員，對於日本右派的動向以及其武士道自我認同的議題，臺灣學界自是必須參與關注，責無旁貸，而本書之研究成果或可提供吾人重新省思明治時期天皇制國家意識型態下的武士道真相之參考。

二、研究文獻回顧：
明治武士道、國家意識型態與近代基督徒之間

明治武士道與國家意識型態與近代基督徒，三者間的關係緊密既已分明如上，則歷來的研究又是如何看待處理此關係？以下

我們分別以「明治武士道之研究」、「近代基督徒與天皇制關係之研究」、「明治大正基督徒研究」三個面向概要評述相關研究及重要文獻。

1. 明治武士道之研究

目前學界討論武士道一詞彙時，多數是依據 **B. H. Chamberlain**，**The Invention of a New Religion**（**1912**），〈武士道—新宗教の発明—〉**B. H. Chamberlain 著・高梨健吉譯**，《**日本事物誌 1**》（**1969**）所收「新宗教之發明」之看法，Chamberlain 當時就已主張武士道一詞其實是到了明治時期才開始被大肆宣揚的國民精神概念[39]，這種說法與後來 **Eric Hobsbawm、Terence Ranger 著、前川啓治、梶原景昭訳**，《**創られた伝統**》（**1992**）的所謂「於數年間被急速確立的傳統」之人設觀點不謀而合，換言之，Chamberlain 的說法是主張明治

---

[39] 關於 Chamberlain 的明治武士道主張，ムスタツェア アレクサンドラ，〈講演 明治期のジャパノロジーにおける武士道：フランシス・ブリンクリーの「Japan: Its History, Arts, and Literature」を中心に〉，《神田外語大學日本研究所紀要》15（千葉：神田外語大學日本研究所，2023），頁 72-63 的研究亦值得參考。該研究指出明治期有兩位英國的日本研究者 Chamberlain 與 Brinkley，並指出他們在當時探討武士道時所呈現差異，根據該研究之觀點，Chamberlain 是認為武士道既是前所未聞的名詞，且在國家神道的背景下，武士道一詞確實有讓國民感受到支配者的超自然感受，而 Brinkley 則主張傳統的武士道所講究的實質內容是指效忠主君而未必是效忠天皇，這與明治當時效忠天皇的武士道之間未必有完全的連結，Chamberlain 與 Brinkley 所探討的是武士道一詞其實恰巧是在符號學上的能指（signifier）和所指（signified）的差異。

時期的武士道是一種傳統發明所創造的人設概念。然而，其實就武士道的詞彙及語例而言，武士道一詞卻並非是遲至於明治期才被發明或新創的名詞，**橋本実，《日本武士道史研究》**（**1934**）、佐藤堅司，〈「武士道」といふ語の起原と發達──「武士道思想の發達」を傍系として〉（**1939**）、笠谷和比古，〈武士道概念の史的展開〉（**2007**）等皆有相關討論，而其中最詳實且值得參考者則可推笠谷和比古，《武士道──侍社會の文化と倫理──》（**2014**）之第一章「武士道という語の登場」中的 17-19 世紀武士道語例考證。總之，在明治以前，武士道一詞彙及語例早已於日本典籍零星出現，只是要遲至明治時期，這個傳統名詞才被重新設定而以新日本國民精神之人設概念火紅再現，且隨著明治期日本國力提升，備受國際之關注。

　　歷來對於明治武士道概念之研究值得注意者，例如**鈴木康史，〈明治期日本における武士道の創出〉**（**2001**）其主要是將明治期之武士道分為三類，並考察基督教的世界觀與武士道是如何的被融合以致於可獲得西歐諸國之共鳴。**船津明生，〈明治期の武士道についての一考察──新渡戶稻造『武士道』を中心に──〉**（**2003**）則是踏襲延伸上述 B. H. Chamberlain、Eric Hobsbawm、Terence Ranger 等諸氏之研究觀點，主張此時期之武士道是一種國家主義跟倫理主義之構成體，乃日本近代參照過去及歐美所創出之產物。此外，**張崑將，〈明治時期基督徒的武士道論之類型與內涵〉**（**2011**）則是以海老名彈正、植村正久、新渡戶稻造、內村鑑三 4 人之武士道主張為例，說明基督教武士道論擺盪於國家主義、國際主義之間，可分為「進化型」、

「感化型」、「養育型」、「接合型」4 類型，此研究釐清了武士道與基督教間之關係，並進一步被收錄於**張崑將，《電光影裏斬春風：武士道分流與滲透的新詮釋》**（**2016**）專書，張崑將的主張界定了明治武士道在日本整體武士道發展史上之位階，該研究為相當有益之參考。近期的**久保優樹、武井幸二、岸本卓也，〈劍道書における「武士道」の研究：明治期から昭和初期に着目して〉**（**2021**）則指出在大正期武士道已被公認是日本人特有的精神，至昭和至二戰結束前，武士道轉變為忠誠和愛國主義的國民精神或民族倫理，已經脫離了原有精神美德含意，成了民族主義的表現用語。

相對於上述明治武士道的構成、位階等整體性研究，對於明治武士道之形成所進行的剖析研究，亦值得我們注意。例如**菅野覚明，《武士道の逆襲》**（**2004**）乃以比較文明論之觀點，主張明治之武士道是一種明治之國民道德、民族精神。**Alexander Bennett，《武士の精神とその歩み—武士道の社会思想史的考察—》**（**2009**）是經由考證而主張明治武士道是一種武士名譽文化之再解釋，亦是一種與國家主義融合的傳統之創造，乃經由〈軍人敕諭〉成為效忠天皇之軍人道德，經由〈教育敕語〉成為忠孝頂點下的臣民、國民之道德。**藍弘岳，〈近現代東亞思想史與「武士道」：傳統的發明與越境〉**（**2010**）之研究則主張無論是從與外來思想及歐化之關係來看，或者是從對傳統回顧反思來看，武士道在近代東亞是一種手段及方法，同時也是一種目的及成品。而**前田啓一，《明治サムライ時代論：明治維新は「戦う自由」を解放した》**（**2023**）則是重視主張繼承自傳統武士發動戰爭精神的明治武士精神。

　　此外，由中日武士道之層面出發或明治武士道的延伸研究亦值得注意。例如**張崑將**，〈**從前近代到近代的武士道與商人道之轉變**〉（**2010**）考察明治期武士道轉變為商人道之特性。**蔡振豐**，〈**中國近代武士道理念的檢討**〉（**2010**）則檢討明治武士道為梁啟超橫移後卻異於原來武士道之原因。**陳繼東**，〈**在中國發現武士道──梁啟超的嘗試**〉（**2010**）則分析梁啟超之中國武士道是如何地受明治武士道影響而形成，且一方面也凸顯了其國族認同、民族再造之企圖。**藤井倫明**，〈**三島由紀夫與《葉隱》──現代日本文人所實踐的武士道**〉（**2010**）則是探討接續在明治武士道之後的三島由紀夫，其所潛藏的《葉隱》之生死觀與行動哲學[40]。

　　以上可窺知，日本在近代以前武士道一詞彙早已零星出現，但卻要遲至明治時期才舊瓶新裝的以新日本的臣民精神概念姿態再現並獲得高度矚目，換言之，明治武士道可謂一種人設傳統的再現，此人設傳統在明治國家意識形態之政治正確框架下，牽引著國民的向心力，在二戰期間甚至被軍國主義當成政治宣傳標語用來鼓舞士氣，並激勵人們勇於為神道皇國奉獻生命，也正是因此明治武士道的重要性亦別具一格。然而，如上所述，歷來研究雖已指出明治時期隨著外來思潮的引進中，基督徒身上先是在明治時期出現了所謂基督教武士道，但其後大正時期基督徒的武士

---

[40]　島薗進，《日本人の死生観を読む：明治武士道から「おくりびと」へ》（東京：朝日新聞出版，2012）則是從明治的武士道至平成時代的《おくりびと》切入，分析考柳田國男、折口信夫的民俗學、宮澤賢治的童話、吉田滿的《戰艦大和ノ最期》至 3‧11 大地震後的日本人對生死觀的進展，但實際上本書對明治武士道並無深入探討。

道主張進展為何卻下落不明，有待追究。因此，本書在討論明治武士道之內涵、性格、爭議後，特別聚焦於明治、大正時期的基督徒的武士道主張，深入研究，嘗試指出基督徒在後續接納融合了西方的人格主義、民主主義後所形成的武士道主張，並進而指出此武士道之假面性格。

2. 近代基督徒與天皇制關係之研究

首先，關於近代基督徒與天皇制關係之研究，最早的具代表性研究是**武田清子**，〈**天皇制とキリスト者の意識：日本における人間形成の一問題として**〉（**1956**），此堪稱為 20 世紀的先鋒領導性研究，武田氏根據大量的研究調查結果主張：日本的基督徒身上與天皇制之關係幾乎是屬於「共存型」，在忠君愛國之明治天皇制下，他們依據君權神授說之觀點，在現實政治社會生活中選擇依存天皇體制生存下去。

其次，進入 21 世紀後，近代基督徒與天皇制關係之研究，大致呈現兩大類型。

其一，關於二者對立面的研究，例如**笹井大庸**，《**キリスト教と天皇（制）——キリスト教界を揺るがす爆弾発言**》（**2003**）指出明治當時基督徒是擁護天皇但卻不認同神社參拜或對御真影偶像禮拜，而致力於闡述天皇制對基督教所帶來之壓迫者之研究則必須注意土肥昭夫研究，土肥教授著述等身，其過世後，著作被集結成兩本，一本是**土肥昭夫**，《**天皇とキリスト：近現代天皇制とキリスト教の教会史的考察**》（**2012**），另一本則是**土肥昭夫**，《**キリスト教会と天皇制——歴史家の視点から考える**》（**2012**），這兩本皆是批判天皇制的傳統家

父長論所延伸的家族國家論，並指出此論述的特質是它模糊的將所有人（包括基督徒）涵蓋進去，並伴隨政治社會之壓力加以迫害，以此讓基督徒接受擁有對天皇盡忠盡孝之價值觀，土肥研究堪稱近代基督徒與天皇制對立面研究之代表。

其二，相對於如上的近代基督徒與天皇制二者之對立面的研究，另一派則是致力於二者融合面的研究。例如**松谷好明，〈象徵天皇制と日本の将来の選択──キリスト教的観点から〉（2008）**指出另一種基督徒的樣貌：當時許多基督徒是信仰武士道、儒教式之基督教，對天皇都是保有敬愛之念。**鄭玹汀，《天皇制国家と女性─日本キリスト教史における 木下尚江─》（2013）**，此研究乃透過木下尚江對植村正久、新渡戶稻造等之「武士道的基督教」以及臣民女子教育之批判，主張木下尚江揭露了明治基督教界主流他們向天皇制國家妥協、且贊成主戰，鄭氏之此論點極為貼近事實，乃應給予極高之評價。再者，**西田毅，〈天皇制国家とキリスト教：「三教会同」問題を中心に〉（2013）**，此研究乃指出基督徒與天皇制之呈現矛盾，至明治的甲午戰爭、日俄戰爭，即便同為基督徒亦有「義戰派」、「非戰論」之主張差別，最後至明治 45 年政府為了「皇運扶翼」、「國民道德振興」，特別找了神道以外之基督教、佛教等人士共同參與「三教會同」之會談，自此，日本基督教團獲得了明治國家的公認，同時也更搖身一變成了擔任協助天皇制國家意識形態之臣民教育之一員。

此外，針對日本近代基督徒與天皇制之間呈現既對立又融合的矛盾關係，筆者曾具體以「馴化型」的國家意識型態來重新詮釋：日本近代基督徒在無法逃脫天皇制的情形下，其主張與國家

意識型態的神道、現人神天皇之間，或是由對立批判走向迴避，或是採取曖昧妥協，或是積極擁抱融合等呈現出共存多元樣貌 41。

總之，日本的基督徒身上與天皇制之關係是呈現的一種所謂「馴化型」的國家意識型態，一神信仰的基督徒們雖不能認同國家神道下的各種神社的禮拜儀式，但此際他們也發展出其獨特之基督教信仰內涵：或為武士道基督教、或為儒教式基督教，甚或講究忠君愛國並倡議武士道、乃至贊成海外參戰並「皇運扶翼」。在這樣的迴避問題的共存發展模式下，基督徒們確實得以保身，但另一方面他們的一神信仰與主流派的現人天皇價值之間的矛盾及對立癥結點其實始終並未曾消失，如此的內藏矛盾持續的與時俱進，至後又迎來吸納外來思潮例如人格主義、民主主義等多元思潮，此時在既有天皇制國家意識型態的制約下，基督徒身上究竟是如何去呈現他們所認同的武士道？耐人尋味，有待探究。

3. 明治大正基督徒研究

明治大正時期出色的基督徒不少，基督徒大致分為札幌、橫濱、熊本三大派系，以下我們僅就與本書研究關係密切之人物：札幌派的新渡戶稻造、橫濱派的植村正久、熊本派的浮田和民與綱島梁川，概述彼等與本書問題意識之相關研究如下。

首先，關於新渡戶稻造，他是近代日本基督教札幌派的代表

---

41 詳參簡曉花，《當天皇 vs. 上帝時：近代日本基督徒如何避免信仰衝突？》（臺北：臺灣學生書局，2021）。

性人物，關於新渡戶之研究很多，大多數是偏重其基督教思想以及《武士道》所進行之研究，其中比較具有特色的是少數偏重與傳統再來思想之關係研究，例如佐藤一伯，〈新渡戶稻造における維新と伝統――日本論・神道論を手がかりに〉（2008）曾指出新渡戶對神道的引述，以此做為新渡戶對日本人之認同；而簡曉花，《新渡戶稻造研究――『修養』の思想》（2014）則是全面以新渡戶稻造與傳統思想之關係之角度切入，清楚指出其與四書五經、《言志四錄》等之關係緊密，並形成其獨特之基儒折衷修養論。此外，關於新渡戶的武士道主張，筆者曾寫了一本《新渡戶稻造研究――『武士道』とその後》（2006）專書，揭露了新渡戶的武士道主張其實是在向國家主義妥協，此傾向在筆者之〈跨世紀的新透視：再論被馴化的明治國家意識型態下的日本基督教徒兩大類型〉（2018）也獲得印證即是：新渡戶稻造肯定「祭政合一」、迴避批判現人神天皇問題，而另一方面アントニウス プジョ，〈明治期の日本における新渡戶稻造『武士道』の意義〉（2016）則指出新渡戶稻造《武士道》的特質即是欲以基督教的「人格」與「愛」的教義來更加提升武士道的道德。然而，新渡戶實際上在大正民主主義思潮時期也跟著提出了民主主義，並說這就是他所謂的平民道、也是他之前所說的武士道，並強調這個武士道其實跟國體不衝突，那麼究竟他前前後後所主張的武士道之一貫內在聯繫為何？下落不明，尚待釐清。

其次，關於植村正久，這位是近代日本基督教橫濱派的領袖人物，其傳記資料研究豐富，首先必須注意，例如砂川萬里，《海老名彈正・植村正久――日本の代表的キリスト者（2）》

（**1965**），該書乃為海老名彈正與植村正久之生涯傳記介紹，再者，**佐波亙編，《植村正久と其の時代》**（**2000**），該巨著實為植村研究資料巨集，雖非深入之研究，仍具參考價值。其次，真正對植村正久思想深入研究者則主要為如下，日本學者乃以**武田清子，《植村正久——その思想史的考察》**（**2001**）、**大內三郎，《植村正久——生涯と思想》**（**2002**）為代表性研究，前者是針對植村之人性觀、社會觀、歷史觀等進行考察，後者則是主要是對植村之生涯詳細盤點。關於其武士道論述並不多，筆者曾於〈**析論植村正久之基督教與武士道關係**〉（**2006**）乃聚焦於植村之武士道與新渡戶之武士道兩者之連接脈絡以及植村對傳統神道的批判，然而，筆者也曾於〈**植村正久における明治期天皇制イデオロギー**〉（**2019**）指出：植村面對明治國家意識型態時，其實是由強烈批判到迴避、妥協。那麼，植村在意識到天皇制國家意識型態下，他所指出的武士道與其自身所堅持的基督教信仰之間，兩者之關係，究竟有何關係？仍有待後續學界的追究查證。

　　再者，關於浮田和民，這位思想家雖然在國內比較陌生，但其實他來自江戶末熊本的武士家庭，後來在熊本洋學校、同志社英學校求學，又到耶魯大學留學，返國後在同志社大學、早稻田大學任教，同時他也是日本主義色彩濃厚期刊誌《太陽》的主要幹部，他倡導內政的立憲主義與外交的帝國主義兩者統一，同時他又以一本《倫理的帝國主義》鼓吹民本主義，可謂日本近代提倡民本主義理論的先驅者學者。關於浮田和民的研究也不少，大致可分兩大類，第一類例如**武田清子，〈浮田和民の「帝国主義」論と国民教育：明治自由主義の系譜〉**（**1978**）、姜克

實，《浮田和民の思想史的研究：倫理的帝国主義の形成》、神谷昌史，〈民衆・群衆・公衆——浮田和民の民衆観とデモクラシー〉（**2009**）、石井知章，〈浮田和民と「倫理的帝国主義」論〉（**2013**）、榮田卓弘（**2015**）、神谷昌史，〈浮田和民の社会構想と教育思想——言論活動出発期から倫理的帝国主義提唱期まで〉（**2018**）等，這些研究大部分集中在其帝國主義論、倫理的帝國主義論、社會構想、教育思想等。第二類則比較重視浮田和民的人格論、修養、歸一理想等所進行的研究，例如小川智瑞惠，〈浮田和民における人格論：キリスト教理解とシンクレティズムをめぐって〉（**1995**）、和崎光太郎，〈初期丁酉倫理会における倫理的<修養>：姉崎正治と浮田和民に着目して〉（**2012**）、姜克實，〈浮田和民の帰一理想—帰一協会との関わりについて—〉（**2018**）等。此外，筆者〈明治武士道に関する一考察——『現代大家武士道叢論』と浮田和民における武士道〉（**2019**）曾針對浮田和民在明治的武士道論戰所扮演的角色進行研究。然而，問題是浮田和民他所主張的武士道究竟與明治國意識形態之關係為何？仍為謎團，有待釐清。

此外，關於綱島梁川，綱島也是明治時期具影響力的知名評論家，他 17 歲便受洗入信，後來就讀東京專門學校（今日早稻田大學之前身），開始撰寫文藝美術評論，展露才華，他曾出入橫濱派的植村正久的教會，但卻對植村的正統神學深感懷疑，直到他遇到與日本傳統思想折衷的熊本派的海老名彈正，才開始恢復對信仰的信心，後來他生病後，他在《新人》發表「余の見神の実験」引起世間極大的回應，並影響了許多年輕人。綱島梁川

的思想雖為基督教思想，但並非封閉保守，他也接觸過禪宗及淨土真宗，因此宗教思想比較接日本地氣，在他 34 歲過世後，日本各地仰慕他的人紛紛自發性的集結並組織了「梁川会」。關於綱島梁川研究，主要介紹 3 件較具代表性參考文獻。首先，**虫明凱‧行安茂編，《綱島梁川の生涯と思想》（1981）**，此研究細緻考察綱島之生涯與其思想之概括，極具參考價值。大多數的綱島研究偏向文學及宗教研究，又例如川合道雄，**《綱島梁川の宗教と文芸》（1973）**則是透過綱島參與《早稻田文學》編輯與高山樗牛歷史畫論戰之分析指出綱島所具有卓越的文藝思想論述能力，又**古莊匡義，《綱島梁川の宗教哲学と実践》（2022）**則指出綱島重視基督教及淨土教而主張所謂的「神子教」，以及其作為「神子」的自覺而展開傳道論述。以上諸代表性研究可窺知，歷來研究偏重在綱島梁川的宗教及文藝研究，但事實上綱島梁川其實對於傳統及外來思想皆多有吸納，也針對同為熊本派的基督徒浮田和民與主流派的武士道大論戰曾經公開發文討論人格武士道，以此回應聲援浮田之意味濃厚，那麼綱島所主張的武士道究竟所指又為何？未見探討，有待釐清。

三、明治武士道之研究：
其內涵、性格、爭議、演變

如前所述，所謂武士道雖在近代以前的文獻已有零星出現，但嚴格而論，要遲至近代的新渡戶稻造《武士道》於明治 32（1899）年問世後，日本輿論界才對其廣為討論，因此明治武士道的特殊性可由此窺見一斑，然而，目前學界雖對武士道有研究

探討，但聚焦於明治時期的武士道研究卻並不多，以下我們大致先簡單回顧幾位代表性學者對武士道的定義研究之後再切入本書之研究議題。

1. 武士道定義的代表性研究

　　武士道可謂是一種追求對死的覺悟的奉公道德倫理，此說法大致已為一般公認，家永三郎[42]、丸山真男[43]、相良亨[44]都曾經就倫理道德層面上對武士道進行主觀、客觀的探討，韓東育[45]也曾彙整提出武士道是一種主觀的客觀實踐、一種以同心圓式擴展下進行實踐的倫理道德，此類研究均可視為將武士道作為倫理道德概念所展開的通時性的研究。

　　然而，真正與本書研究之問題意識關係密切的，換言之就是真正有針對明治時期進行精細切入討論明治武士道提出看法的則是丸山真男、韓東育、張崑將，對此三者，我們依次介紹如下。丸山真男[46]曾針對明治武士道的特殊性主張認為明治武士道是家族國家和忠孝一體的意識形態結合，忠君愛國與武士道一致的看法在明治十分盛行，但他也認為忠君愛國與武士道存在著鴻溝，明治的忠君愛國並非封建亦非隸屬近代之範疇。那麼，所謂既非

42　和辻哲郎，《日本倫理思想史》上（東京：岩波書店，1952）。

43　家永三郎，《日本道德思想史》（東京：岩波書店，1977）。

44　丸山真男，《丸山眞男講義錄》〈第 5 冊〉日本政治思想史 1965（東京：岩波書店，1999）。

45　韓東育，《從「請封」到「自封」：日本中世以來「自中心化」之行動過程》（臺北：國立臺灣大學出版中心，2016）。

46　丸山真男，《丸山眞男講義錄》〈第 5 冊〉日本政治思想史 1965（東京：岩波書店，1999）。

是封建也並非是近代範疇的明治武士道，其究竟異質性為何？下落不明。而韓東育[47]則主張明治武士道是一種死的覺悟奉公理念以同心圓式擴展下的實踐表現，如亞細亞主義、大東亞共榮圈之實踐。然而，此研究僅指出了從中世、近世至近代一直連貫的同質普遍性，卻看不出明治國家意識形態下所發展的武士道的特殊性。

最後，張崑將[48]的研究是以武士道分流與滲透之概念指出明治國家意識形態下的武士道之存在，他針對明治時期的基督教與武士道之關係進一步去分析論述基督教與明治武士道發展的 4 種關係。張崑將的研究的確敏銳的掌握了明治武士道的特殊性之一：武士道與基督教的結合，對此筆者深表敬佩同意，然而，問題是如此異質的明治武士道究竟其後續發展為何？而武士道其實也不僅止於與基督教融合，它也在明治之後陸續又與人格主義、民主主義持續融合，那麼在所謂的基督教武士道之後，其後續的具體發展又為何？仍是謎團重重，有待深入解析。

綜觀而言，較早期的日本學者也好、兩岸的學者也好，歷來之武士道倫理道德研究，對於國家意識形態下，從明治至大正的武士道與國家意識形態與外來思潮之關係，均無有提供具系統脈絡性之說法可供依循，反言之，也正因此彰顯出本書研究問題之

---

[47] 韓東育，《從「請封」到「自封」：日本中世以來「自中心化」之行動過程》（臺北：國立臺灣大學出版中心，2016）。

[48] 張崑將，〈從前近代到近代的武士道與商人道之轉變〉，《臺灣東亞文明研究學刊》第七卷第 2 期（臺北：臺灣大學人文社會高等研究院，2010），頁 149-188。該文後收錄於張崑將，《電光影裏斬春風：武士道分流與滲透的新詮釋》（臺北：國立臺灣大學出版中心，2016）。

原創性。

　　針對此問題，筆者基於近年研究累積以及與專家學者討論之結果，首先初步發現：天皇制國家意識形態乃以現人神天皇、神道為核心，基督徒被其高壓氛圍所威迫，彼等徘徊在現人神天皇及神道至高無上之社會現實、以及一神論信仰的個人理想的兩極之間，他們或選擇迴避，或由對決批判走向迴避、妥協，或迂迴批判等等，皆可謂馴化於天皇制國家意識型態後而有的展現，即名曰「馴化型」之展現。其次，進而發現基督徒他們於此體制下也還同時講究高舉著忠孝武士道。換言之，此時期的基督徒是一邊馴化妥協於天皇制國體，一邊持續主張一種與基督教、人格主義、民主主義積極融合的武士道。

　　針對上述觀點循線追蹤，本書先針對明治武士道的內涵、性格，展開進行系列研究，其後將觀察亦轉向聚焦於武士道與基督徒間之爭議、以及其對於武士道與人格主義與民主主義之間的探討，欲以此釐清基督徒馴化妥協於天皇制國家意識型態下，吸納外來思潮之後所詮釋的武士道的整體輪廓，以填補目前學界尚待拼整之板塊。

2. 本書之聚焦所在：明治武士道之內涵、性格、 爭議、演變

　　承接上述，明治國家意識型態之脈絡下，作為其立體側面之「明治武士道」，其內涵、性格及其與基督間之爭議以及其後續之演變為何？歷來尚未有完整之論述。本書聚焦於此，欲以如下四章之研究展開，以釐清明治期天皇制國家意識型態下的武士道實態，在進入各章行論之際，為方便讀者理解，先擷取各章之重

點內容如下。

第二章　明治期武士道之內涵：從《坂の上の雲》談起

　　歷史小說作家司馬遼太郎其作品均力求考據，用心刻畫，其
刻畫明治武士道精神之《坂の上の雲》亦引人矚目，足具參考價
值，目前對於《坂の上の雲》之明治武士道論述，仍猶待補齊，
因此筆者先針對《坂の上の雲》所描述之武士精神、以及實際上
明治 30-40（1897-1912）年代之武士道，進行分別掌握之後再進
行對照比較，其結果獲知其二者大致皆講究盡忠，重視俠義，具
有武勇精神，然而二者在對於〈教育敕語〉及〈軍人勅諭〉明治
期「忠孝武士道」之論述處理上，乃有所不同，且由於此意識型
態背負著二戰時期戰爭宣傳之罪名，司馬氏恐為避免招惹爭議失
焦，故對其採取淡化處理，以凸顯明治期武士精神做為日本傳統
文化延伸之定位。此乃歷來研究所忽視跳過，亦為此小說筆法之
特殊所在。司馬遼太郎所建構之明治武士道實質上是位處銜接於
江戶武士道之後，但由於二戰結束後日本社會大都對武士道敬而
遠之避而不談，故司馬遼太郎礙於此社會氛圍，因而對武士道之
處理手法是呈現：一方面既是迴避正面談明治「忠孝武士道」但
一方面卻迂迴的褒揚明治「忠孝武士道」之美好，換言之，司
馬遼太郎對於明治武士道之評價乃處於一種欲言又止但卻呼之欲
出的間接曖昧肯定。

第三章　明治期武士道之性格：自明治 30-40（1897-1912）年代
　　　　　之武士道論觀之

　　歷來之明治期武士道論研究大多傾向於自西化、國家主義等

背景課題進行研究，有別於此，筆者則特別針對武士道論者自身
對傳統思想內省之課題進行探討，乃以山岡鐵舟、新渡戶稻造、
井上哲次郎之武士道論為對象，分析歸納三者各自所呈現之傳統
省思，其結果獲知：鐵舟的武士道論乃是明示武士道之要素為
神、儒、佛，並主張以此遏止西化及科學至上之歪風，在山岡的
論述中，傳統思想成了對抗西化及科學之武器；新渡戶則清楚具
體的定義了神、儒、佛三者之作用，並主張要以基督教來維持存
續武士道，在新渡戶的論述中，傳統思想成了調和基督教之材
料；而井上則是自武士道擷取並否定了其佛教要素，且肯定強調
儒教之道德主義，他主張要以武士道之實踐精神來實踐儒教以及
觀念論之道德主義，在井上的論述中，傳統思想的局部成了融合
德國觀念論之零件。此三者之武士道論可謂為一種以儒教以及隱
約存在的神道為最大共通點的傳統思想再現。

第四章 明治期武士道爭議：武德武士道 vs. 人格武士道

　　本研究乃透過《現代大家武士道叢論》之分析考察指出：明
治後期之基督徒浮田和民曾在輿論界引爆「佐藤対浮田論」的武
士道大論戰，他極力公開主張一種工商業導向的人格道德為中心
的武士道，但此主張卻屢遭當時以軍方為首的主流勢力圍剿因而
受挫告終，自此明治武士道曲折轉向為以武德為中心，並伏流發
展至日後與軍國主義會合。另一方面，浮田和民的人格武士道並
非是他個人單一主張，事實上在論戰引爆後，著名的基督教思想
家綱島梁川（1873-1907）也隨後公開發表了一篇以「武士道と
人格の観念」為題的文章與之呼應奧援，綱島梁川於該文中也直
接強調了人格與武士道問題，以上無論是浮田和民或綱島梁川，

他們在輿論的高聲疾呼在在皆凸顯了基督教陣營的與國際思潮接軌融合後所主張的人格武士道的存在，並且也凸顯了他們與主流派的武德武士道之間的衝突對立關係。

第五章 明治・大正之武士道：從人格武士道至平民道

明治至二戰結束戰前，以現人神天皇、神道為中心的明治國家意識形態滲透日本人的精神意識，一神信仰的基督徒對於此國家意識形態則選擇迴避、妥協等呈現一種獨特的存在感，彼等之一人新渡戶稻造所著之《武士道》則享譽國際，則明治時期，基督徒所主張的武士道究竟與此明治國家意識形態的關係為何？則成了耐人尋味的問題。關於此問題，如前章所探討的，此時期基督徒浮田和民所提出人格武士道與當時主流派所主張武德武士道形成對立並遭受圍剿批評，然而，此人格武士道在受挫後的展開則尚呈現下落不明，有待探討。針對此問題，本章之研究乃聚焦於綱島梁川之人格武士道與新渡戶稻造之平民道，進行考察分析，以此嘗試釐清平民道其實就是一種人格武士道馴化於在天皇制國家意識形態下結合大正民主思潮所主張的基督教武士道。

第二章　明治期武士道之內涵：
從《坂の上の雲》談起

武士道一詞儼然已成為日本精神之代名詞，此一詞彙至晚已於江戶文獻中出現[1]，然其詞頻卻不可謂繁，相較而言，往昔論及武士精神時，則多以「士道」、「武道」等詞彙出現[2]。時至今日，世界之所以矚目武士道，恐應歸功於新渡戶稻造之《武士道》一書，此書於明治 32（1899）年在美國出版後，武士道一詞旋即於國際間聲名大噪，同時亦喚醒了日本國內對武士道之注意，爾後，再經井上哲次郎等之大力鼓吹，風靡明治，延續至昭和戰前。換言之，吾人沿此脈絡所談論之武士道，可謂為一種明治期之傳統再現[3]，而此武士道於戰後，卻又因背負著戰爭政治

---

[1]　例如井上哲次郎、有馬祐政共編，《武士道叢書（上卷）》（東京：博文館，1906）、井上哲次郎、有馬祐政共編，《武士道叢書（中卷）》（東京：博文館，1909）、井上哲次郎、有馬祐政共編，《武士道叢書（下卷）》（東京：博文館，1913）等。

[2]　關於武士道一詞彙之出現，歷來研究已有不少考證，為避免重複，請讀者詳參「第一章 序論」之研究文獻回顧。

[3]　目前學界論及日本近代之武士道時，不少人沿用 B. H. Chamberlain 的「新宗教之發明」之看法，甚至亦有人比照 Eric Hobsbawm、Terence Ranger 的「於數年間被急速確立的傳統」之觀點，以此主張明治武士道

宣傳之污名，一度令人敬而遠之，直至近年，人們對其關心才又
逐漸升高，武士道亦再度成為文化界與學界關心之議題[4]。

一、前言

　　現代日本文化界對武士道之關心，可從大量之武士道相關書
籍之再版複刻，以及武士主題電影、電視劇之紛紛問世中，一窺
端倪，特別於歷史小說作家中，對戰國、江戶、明治各時期之武
士用心刻畫，且具連續性力作者，則恐以司馬遼太郎作品之質與
量，最引人注目，且注重考證，頗具參考價值。司馬氏在《梟の
城》、《上方武士道》、《竜馬がゆく》等一連串作品中，生動
的描繪了戰國江戶武士之精神，此外，其對明治期之武士精神亦
有所挖掘[5]，《坂の上の雲》即是一部描繪甲午戰爭、日俄戰爭
時期，人們在富國強兵之氛圍中奮發向上之情景、以及當時之武
士精神。此小說原乃司馬氏於昭和 43（1968）年至昭和 47

是一種傳統之發明或創造，詳參「第一章　序論」之研究文獻回顧所
述。然而，武士道一詞彙概念其實並非遲至於明治期才被發明或創新，
本研究基於用詞之審慎嚴謹，凡申述本研究自身之看法時，則不言武士
道為傳統之「創造」或「發明」，乃言武士道為傳統之「再現」；唯於
申述其他學者研究之看法時，則仍予以尊重，保留其原有之說法。

[4]　近年學界對明治武士道之關注雖不可謂多，但皆必須注意，詳參「第一
　　章　序論」之研究文獻回顧，在此不敷贅述。

[5]　北影雄幸，《司馬遼太郎作品の武士道》（東京：光人社，2004）已針
　　對司馬遼太郎作品中之人物與事件，不分時代區隔，敘述彙整出司馬遼
　　太郎作品中，在「切腹」、「自刃」、「斬首」、「暗殺」時所展現之
　　武士道精神，可供參考。

（1972）年發表在《産経新聞》之連載作品，一如司馬氏一貫周詳考證之歷史小說手法，於此作品中，其對三位同為松山出身之三位人物秋山好古與真之兩兄弟以及正岡子規，自其成長乃至於其日後各自參與甲午戰爭、日俄戰爭之過程，皆詳加勾勒，精彩緊張，自連載以來，即廣受讀者之喜愛與支持，後由文藝春秋集結以 6 冊小說之形式出版問世，亦獲熱烈迴響，後又以 8 冊之文庫版普及發行，甚至再由 NHK 翻拍成電視劇，並以特別節目之三步曲形式，於平成 21（2009）年－平成 23（2011）年分年播放。

那麼，《坂の上の雲》既是司馬氏刻畫明治期武士精神之相關作品，則究竟司馬氏在《坂の上の雲》中所呈現之明治期之武士精神為何？關於此，曾有研究指出該書所提及武士精神之若干片段，然而，此研究卻因其僅止於羅列，而欠缺分析論述[6]，因此，對於《坂の上の雲》之武士精神究竟為何？以及司馬氏其呈現手法之特色為何？等等之疑問，仍為無解。也更有研究指出司馬氏其實在此作品中乃刻意削弱明治國家之權力成分，以此將明治青年精神視為江戶傳統武士倫理精神之繼承[7]，然而，此研究

6　例如：北影雄幸，《決定版　司馬史観がわかる本　明治史観編》（東京：白亞書房，2005），頁 171-180，此研究僅呈現片段式資料羅列，較欠缺作品手法等相關之深入論述。

7　例如：王海，〈1968 年前後司馬遼太郎的國家敍述——《阪上之雲》及其周邊〉，第四屆日本研究年會「国際日本研究の可能性を探る—人文・社会・国際関係—」（臺北：當代日本研究學會・臺灣大學文學院・臺灣大學日本研究中心・臺灣大學日本語文學系所・臺灣大學文學院「跨國界的化傳釋」研究計畫・日本交流協會，2013），頁 327-328、頁 334，此研究指出司馬氏此小說乃意圖將明治置於日本傳統文

卻由於其重心明顯偏重於國家觀念之論述[8]，以致於究竟司馬氏在作品中，具體的是如何的削弱明治國家之權力成分？以及究竟此作品中所呈現之明治武士精神之樣貌為何？等等疑問，依舊謎團重重。此外，尚有人指出，《坂の上の雲》中所強調之明治將官與士兵之精神重點為「惜名」，同時也更主張此價值觀勝過〈教育敕語〉[9]，然而，此研究之意圖乃欲以「惜名」貫穿司馬氏自戰國江戶以來之武士道，因而導致其在對於司馬氏之明治武士道之論述上，明顯呈現力道不足，淺薄欠妥；再者，實際上，如後所述，《坂の上の雲》對武士精神之描述重點，也絕非僅止於「惜名」，〈教育敕語〉實與武士道二者互為不可切割，〈教育敕語〉甚至在當時乃極具精神指導意義。總之，就現有之《坂の上の雲》研究來看，此作品所描述之武士精神究竟為何？此精神又與實際明治期武士道之二者間究竟有無差異？若有，則何以致此？等等均為目前懸而未解之問題所在。

　　為釐清如上之問題，本研究依如下順序展開。首先，先針對司馬氏在《坂の上の雲》中所提及之武士精神，進行分析，以此

化之延長線，故於作品中刻意削弱明治國家之權力成分，然其具體作法為何，下落不明。又同論文論述了司馬氏江戶武士精神美意識與戰後之民族主義運動關係。

8　關於司馬遼太郎其自身之國家論述，則需另參司馬遼太郎，《「明治」という国家》（東京：日本放送出版協會，1989）。

9　例如：石原靖久，《司馬遼太郎の「武士道」》（東京：平凡社，2004），頁 194-228，此研究主要是以「惜名」貫穿司馬作品之武士道，因而導致其對於明治武士道，獨獨僅看取「惜名」之重要性，並且甚至認為「惜名」之價值觀勝過於〈教育敕語〉，然而，如後所述，石原氏之說法恐部分有違事實。

先掌握司馬氏於此作品中，其於主觀上所欲呈現之明治將士之武
士精神及武士道。其次，再針對《坂の上の雲》其故事內容主要
發生之時期，即明治 30-40（1897-1912）年，針對此時期實際上
將士及知識分子所主張之武士精神及武士道相關論述，進行調查
分析，以此掌握明治期將士及知識分子其自身所認知之武士精神
及武士道之核心所在。最後，再將前述兩項相互對照，檢視其差
異，以此確認司馬氏在此作品中所刻意迴避之內容以及此手法之
特色，並嘗試探討其原因。

二、《坂の上の雲》之武士精神及武士道

如前所述，《坂の上の雲》乃以明治期為時代背景，以秋山
好古、秋山真之兩兄弟以及正岡子規三位人物為主軸，並以圍繞
此三人之生涯故事為內容而展開。那麼，究竟其中所提及之武士
道為何？關於此，本章鎖定此作品所論及之武士或武士精神及武
士道，依序分冊，逐一剖析。

1.《坂の上の雲》（一）

在第一冊中，有兩處提及武士。首先，主要人物之一的秋山
好古，其一邊於藩校讀書，一邊尚必須利用課餘在澡堂燒柴打
雜，賺取天保錢一枚，貼補家用，藩校的學習即將結束前，好古
向父親央求讓自己日後也仍可以繼續升學，然而，由於秋山家之
世代背景乃屬下層階級之武士，並無多餘財力，於是父親也只能
無奈回應他說若是討厭貧窮，就要好好讀書，於是好古開始打探
有無免費之升學方式。

　　對此司馬氏於此敘述當時之時代背景如下：「この時代の流
行の精神であった。天下は薩長にとられたが、しかしその藩閥
政府は満天下の青少年にむかって勉強をすすめ、学問さえでき
れば国家が雇用するというのである。全国の武士という武士は
いっせい浪人になったが、あらたな仕官の道は学問であるとい
う」[10]。這段原文是說這是此時代流行之精神，天下為薩長所取
得，而藩閥政府向全天下之青少年勸勉讀書，只要懂學問，國家
就會雇用，全國的武士皆同時成了浪人，新的做官途徑就是學
問。在此，武士乃指江戶時期獲得世襲俸祿制度保障，但於明治
卻必須依賴讀書等另謀出路之階級。

　　明治維新後，德川幕府垮台，新政府成立，明治 2（1869）
年各藩相繼提出「版籍奉還」，明治 6（1873）年實施徵兵令，
其配套措施「廃刀令」亦於明治 9（1876）年頒佈，自此武士正
式宣告失業，其士族俸祿亦不再受保障。此際，新政府之核心乃
由當初聯手推動大政奉還的薩長藩閥所把持，新政府雖成立了高
教新制，然而實際真正能完全免費就讀之高教管道卻極為有限。
秋山好古即是出於此情況下，最後選擇努力考取就讀完全公費之
師範學校及士官學校，此亦為當時貧窮優秀青年之一大出路。

　　其次，秋山好古在進入陸軍士官學校騎兵科學習時，曾與弟
弟秋山真之談論騎兵。司馬氏在此寫道：「好古にいわせれば、
源平のころから戦国にかけて日本の武士の精神と技術が大いに
昂揚発達し、世界戦史の水準を抜くほどの合戦もいくつかみら

10　司馬遼太郎，《坂の上の雲》（一）（新装版）（文春文庫）（東京：
　　　文藝春秋，2010），頁 16。

れるが、しかし、乗馬部隊を集団としてもちいた武将は義経だ
けであった。日本の旧武士のありかたは、乗馬の武士がいくに
んかの歩卒をしたがえて戦場に出る。そういう小単位のあつまり
をもって一軍をなし、それだけでいくさをする」[11]。此段原文
是說就好古來看，源平時期至戰國，日本之武士精神和技術有極
大之進展，也有過幾場超越世界戰爭史水準之大會戰，不過，以
騎馬部隊為集團的武將卻只有義經一人，日本的舊武士之型態
是，騎馬的武士帶著幾位步兵上戰場，就以此小單位為一軍出去
打仗。

　　此言日本古代武士所擁有之武士精神與技術，已有達世界水
平者，其雖於型態上或許不一致，於數量上亦不可謂多，但日本
古代已有騎兵存在。

　　總之，第一冊之武士乃指於江戶時代曾受身分收入保障之階
級，明治維新後，武士失業，考取就讀新制公費學校乃成為武士
子弟謀求出仕之方式，然而過去武士之精神與技術，依舊受到肯
定。

2.《坂の上の雲》（二）

　　第二冊之武士描述出現三次。首先，在描述外交官小村壽太
郎對美國之看法時，司馬氏敘述說：「米国人は侠気に富んでい
る。かれらの精神はわが国の武士に似ている。名誉と侠気の念

---

[11]　司馬遼太郎，《坂の上の雲》（一）（新裝版）（文春文庫）（東京：
　　文藝春秋，2010），頁135。

に満ち、弱い者を愛する」[12]。此謂美國人富俠氣，他們的精神和我國的武士相似。充滿名譽與俠氣之念，慈愛弱者。總之，此言武士之精神為重視名譽與俠義，濟弱扶傾。

其次，小村於駐美期間觀察美國的知識階級，司馬氏對此描述說：「新渡戸稲造の英文『武士道』がちょうど刊行早々でベストセーラーになっていた。米国にはそういう層もあった。小村はすでに新渡戸の「武士道」もよんでいたから、米国人からこの書物についてきかれてもべつにとまどわなかった。『日本の光は武士根性である』と小村は真之にもいった」[13]。此段原文是說剛好新渡戸稻造之英文著作《武士道》在發行後很快的成為暢銷書，此時在美國亦有些階級人士已意識到此書，小村在當時就已讀過新渡戸的《武士道》，所以當他被美國人問到此書時，並不感到困惑，小村告訴真之：「日本之光就是武士之骨氣毅力」。

在此可窺知，在明治當時，新渡戸之《武士道》一書與世界人們對武士之認知有關，而日本之光，即是武士之骨氣毅力。換言之，明治的人們認為，日本憑藉這股武士之骨氣毅力聞名世界。

再者，關於將俳句確立為個人文藝之正岡子規，司馬氏描述說：「この前時代である江戸時代には、読書階級である武士たちはあまり俳句をやらず、この文芸は富裕な町人や大百姓たち

---

12 司馬遼太郎，《坂の上の雲》（二）（新装版）（文春文庫）（東京：文藝春秋，2010），頁 282。

13 司馬遼太郎，《坂の上の雲》（二）（新装版）（文春文庫）（東京：文藝春秋，2010），頁 284。

を保護者として承継されてきた。が、短歌は江戸時代いらい、知識階級の手ににぎられている。維新後、子規の生存当時も、この事情はかわらない。『俳諧は将棋、歌は碁』というふうにその支持層が説明されることもあった」[14]。此原文是說在前一時代的江戶時代，讀書階級的武士們不大創作俳句，此文藝乃由富裕商人及百姓們所守護傳承，不過短歌則是自江戶時代以來就掌握在知識階級之手裡，維新後，至子規在世之當時，此狀況尚並無改變。「俳諧乃將棋、歌乃圍棋」，這句話便道出了其各自之支持階層。

此段落可窺知所謂武士階級在過去是讀書階級，在文藝上傾向支持短歌創作，俳諧則乃屬庶民文藝，此正猶如圍棋與將棋間之檔次差異。

在此，司馬氏所描述之武士乃為異於庶民之讀書階級，此情況至明治維新後，依然不變；武士之精神則為重視名譽，具俠義之氣及慈愛弱小之心。此外，明治與當時世界對武士道之看法，皆受新渡戶《武士道》一書影響極大，人們認為武士之骨氣毅力乃日本之光。

3.《坂の上の雲》（三）

第三冊僅一處論及武士。司馬氏於秋山好古至俄國參訪時敘述說：「ロシアにもまだ騎士道が残っていたし、好古にも武士道が残っている。日露ともに戦場での勇敢さを美とみる美的信

14　司馬遼太郎，《坂の上の雲》（二）（新裝版）（文春文庫）（東京：文藝春秋，2010），頁 302。

仰をもっていたし、自分が美であるとともに、敵もまた美であってほしいと望む心を倫理的習慣としてつねにもっている」[15]。此原文是說俄國也還殘留著騎士道，好古身上也殘留著武士道，日俄兩國都有一種將戰場之勇敢視為美的信仰，那是一種經常在心情上保持著希望自己是美的同時，也希望敵人也是美的倫理習慣。

在此，司馬氏將日本武士道與歐洲之騎士道對峙比擬，認為其二者皆為一種精神上之倫理習慣，且認為在明治人身上依然保有此精神。

4.《坂の上の雲》（四）

第四冊有兩處提及武士。首先，當敵軍犯下策略性失敗時，司馬氏在描述東鄉平八郎面對此情景時敘述說：「東鄉は『闇夜の航海で、むりはないかもしれない』とおだやかすぎる表情でつぶやいたということは、当時の幕僚のあいだで伝えられた。この時期、江戸期からつづいている武士道のモラルがなお三十代以上の士官に残っていて、この未見の敵艦隊の失敗をわらうような軽躁さは、見られなかったという」[16]。此原文是說東鄉一臉過於沈穩之表情且嘴裡唸著：「有可能是因為暗夜航海而導致如此吧」，此景象在當時幕僚間口耳相傳，在此時期，延續自江戶期以來之武士道倫理依然在三十歲世代以上之士官們身上殘

15　司馬遼太郎，《坂の上の雲》（三）（新裝版）（文春文庫）（東京：文藝春秋，2010），頁 130。

16　司馬遼太郎，《坂の上の雲》（四）（新裝版）（文春文庫）（東京：文藝春秋，2010），頁 369。

留，在他們身上，看不到有任何人對於這個前所未見的敵艦失敗
會加以嘲笑。

在此，司馬氏描述武士道倫理在明治依然存在，尤其明顯存
在於三十歲世代以上之士官們身上。

其次，在描述乃木希典時，司馬氏敘述說：「幕末になって
『藩』というものが大きく出てきた。藩は、いわば法人であ
り、当時の武士たちは藩を法人としてみていた。長州藩士であ
るという。毛利大膳大夫家来、というようなことはたれもいわ
なかった。肉体をもった主君への忠誠心は後退し、藩への忠誠
心にかわったのである。乃木希典は明治になって社会人になっ
た人だが、かれの忠誠のおもしろさは、国家というものは漠然
としたものであることだった。それよりもその意識のなかで激
しく鮮明なのは明治帝そのひとであった」[17]。

此原文是說到了幕末，「藩」之存在已凸顯放大，藩可以說
是法人，當時的武士們視藩為法人，長州藩士已沒人會說自己是
毛利大膳大夫之家臣，此時，向具有肉軀之主君的忠誠心已向後
退，蛻變成一種轉向藩的忠誠心，乃木希典是明治時才成為社會
人，其忠誠心之有趣之處就在於，在其意識之中，國家之存在是
漠然的，而相較於此，激烈鮮明的是明治帝其人之存在。

在此，司馬氏認為，明治維新後，武士之忠誠心依舊存在，
其對象則已由藩主個人轉向藩國團體，只是，乃木之情形又較為
特殊，在其忠誠對象中，明治天皇個人強過於國家團體。

---

[17]　司馬遼太郎，《坂の上の雲》（四）（新裝版）（文春文庫）（東京：
　　　文藝春秋，2010），頁382。

總之，在第四冊中，司馬氏認為至幕末明治，武士們之忠誠心依舊存在，只是其對象則由君主個人轉向藩國團體，且於三十歲世代以上之士官們身上猶清楚可見此武士道倫理，此倫理包括他們不輕率地嘲笑敵人之失敗。

5.《坂の上の雲》（五）

第五冊有四處提及武士。第一，在 203 高地戰役之段落中，曾提及乃木希典和兒玉源太郎時，司馬氏對乃木描述說：「乃木も、児玉も長州人である。いずれも維新前後において、悲痛な個人経験をもった。少年期の乃木を薫陶したのは、親戚の玉木文之進という骨の髓から古武士で、この玉木は吉田松陰の叔父であり、その師匠でもあった。玉木は維新後、前原一誠ノ乱に関係し、自刃している。乃木の弟の正誼はこの文之進の養子になり、玉木姓を名乗っていたが、前原一誠ノ乱に参加し、戦死した」[18]。此原文是說乃木和兒玉都是長州人，都在維新前後有段悲痛的個人經驗。薰陶乃木少年的就是他的親戚，是一位叫玉木文之進，一位骨髓裡盡是古武士之人，這個玉木就是吉田松陰的叔父，也是吉田松陰的老師，玉木在維新後，因為前原一誠之亂的關係而自殺，乃木的弟弟正誼則是文之進的養子，他改姓了玉木，但也因為參與了前原一誠之亂而戰死。

第二，關於玉木，司馬氏又接著描述說：「松陰の叔父である玉木は、年少の松陰を鞭をもってきたえ、玉木の考えている

---

[18] 司馬遼太郎，《坂の上の雲》（五）（新裝版）（文春文庫）（東京：文藝春秋，2010），頁 59。

典型的武士に仕上げようとした。…中略…。松陰はきわめて良
質に従順さをもっていた。これに堪え、みごとなほど玉木文之
進の武士像を自分のなかにつくりあげた。玉木の武士像という
ものは公的なものに献身することにのみ自分の生命と存在価値
を見出すというもので、そういう精神を純粋けに培養しようと
し、片鱗の夾雑物もゆるさないというところがあった。…中
略…。乃木の場合、松陰以上に濃厚にうけたにちがいないこと
は、かれは玉木家に住みこんでの弟子であることだった。乃木
の性格も、良質に従順さがあり、その薫陶に堪えた。…中
略…。ただ、玉木は、能力者としての武士像を想定しなかっ
た」[19]。

　　此原文是說玉木作為松陰之叔父，對年少的松陰鞭策鍛鍊，
將他教育成玉木心中所認為的典型武士，松陰極為優質且順從，
他堅持熬過來，成功的將玉木文之進的武士像形塑在自己身上，
玉木的武士像是一種在對大公獻身當中追尋自我生命存在之價
值，因此，在純粹培養這種精神時，絕不容許片鱗夾雜物，乃木
之情形一定是比松陰還要濃厚，因為他是住在玉木家的弟子。乃
木的性格也是優質且順從，他也挺住熬過了玉木之薰陶，只是玉
木並沒把他鎖定是個有能力的武士像。

　　以上兩者可看出，司馬氏認為乃木希典的成長是受到武士教
育的濃厚薰陶，其身上依舊留有武士形象，而此武士像乃是一種
對大公獻身，且於其中追尋自我生命之價值。換言之，是一種犧

19　司馬遼太郎，《坂の上の雲》（五）（新裝版）（文春文庫）（東京：
　　文藝春秋，2010），頁 144-145。

牲小我、完成大我之精神。

　　第三，司馬氏對東鄉平八郎形容說：「東郷も乃木も、江戸期の武士である自分を十分に保っていた。武士のもっとも重要な課題のひとつは、情義というものであった」[20]。此原文是說東郷和乃木，其身上都是保留著某種程度之江戸期武士之自我，武士之最重要課題之一便是情義。在此，司馬氏認為東郷與乃木皆具武士精神，且義理及人情為武士之重要精神課題。

　　第四，司馬氏在描述秋山真之與広瀬武夫這對好友時，提及如下：「新時代というのは、真之が明治元年うまれであるという意味であった。だから自分たちは頭があたらしいという意味ではなさそうで、むしろ卑下するときに使った。武士というものがなくなる時代にうまれたため、武士的な教養をあまり身につけていない、という意味のことをいう場合になった。真之だけでなく、かれの世代の連中は、旧式な人間を軽侮する一方で、同時に典型的武士像というものへのあこがれをたいていがもっていた。真之が、広瀬武夫を生涯の友人であるとしたのは、広瀬が自分と同世代の人間ながら武士的教養をもち、懸命に武士であろうとしたところに魅かれたといえるであろう」[21]。

　　此原文是說所謂新時代是說真之是在明治元年出生的意思，但那似乎並非意味著說自己這輩人是頭腦新穎的意思，反倒是會

[20]　司馬遼太郎，《坂の上の雲》（五）（新裝版）（文春文庫）（東京：文藝春秋，2010），頁 168。

[21]　司馬遼太郎，《坂の上の雲》（五）（新裝版）（文春文庫）（東京：文藝春秋，2010），頁 169。

在表示自己卑下時所使用，那是意味著說自己因為是出生在已經沒有武士的時代，因此並沒有武士的教養，不只是真之一人，當真之他們這一世代的人們在看輕舊式人們之同時，他們卻也對典型的武士像懷有一份憧憬，真之他之所以會被其一生的友人広瀬武夫所深深吸引，可以說就是因為広瀬他雖然也是和自己是同一世代，但広瀬卻具有武士的教養，而且他一心拼命想要成為武士。

司馬氏認為明治出生之世代，在價值觀上依舊尊崇武士，且對武士之教養懷有憧憬。換言之，維新後，武士雖消失了，武士精神卻成為明治人心中之典範。

總之，在第五冊，司馬氏認為維新後，明治人身上依然留有武士風範，其典型者如乃木希典與東鄉平八郎，彼等重視大我、犧牲小我，重視義理及人情，甚至於明治出生之世代，其亦尊崇武士教養，嚮往武士精神。

6.《坂の上の雲》（七）

第七冊提及武士之處有三。首先，司馬氏形容西鄉隆盛說：「西鄉は若いころ地方事務所（郡方）の会計係をつとめていて、武士にはめずらしくソロバン達者であった」[22]。此原文是說西鄉年輕時，在地方事務所擔任會計，在武士中算是罕見的算盤達人。此即意味著武士一般多不擅長算盤計算。

其次，在描述外交官金子堅太郎在美活動時，司馬氏說金子

22　司馬遼太郎，《坂の上の雲》（七）（新裝版）（文春文庫）（東京：文藝春秋，2010），頁185。

認為與別國之外交官具有龐大經援之情形相較之下，此時的金子說：「新渡戸稲造が英文で書いた『武士道』とイーストレーキの『勇敢な日本』であり、このたった二冊の本で全米に親日世論をまきおこさねばならないかと思うと、勇気よりもむしろ自分のみすぼらしさがさき立って、気おくれがした」[23]。此原文是說只能靠新渡戶稻造那本以英文寫成的《武士道》和 Frederick Warrington Eastlake 的 *Heroic Japan: A History of the War Between China and Japan*，當金子想到必須要用這兩本書在全美捲起親日輿論，與其說是勇氣，反倒是覺得一陣貧困而感到畏縮。在此，可看出《武士道》一書成為明治政府外交之文宣品。

再者，在海上戰事緊張時，司馬氏描述有一傳聞說：「皇后の夢枕に白装の武士が立ったという噂がさかんに巷間で取り沙汰されたというのもこの時期であった。名を坂本竜馬と名乗った」[24]。此原文是說就在此時街坊巷間傳聞說在皇后的夢枕旁，出現了一位站立的白衣武士，名叫坂本龍馬。在此，武士指幕末維新志士坂本龍馬，其幽魂彷彿猶心繫著這一場重要海戰。

總之，在第七冊之武士描述並不顯著，大致意指傳統不善計算之武士，以及於幕末為國家未來努力奔走之維新志士坂本龍馬。同時，司馬氏亦認為新渡戶之《武士道》可謂明治政府之外交宣傳書籍。

---

[23]　司馬遼太郎，《坂の上の雲》（七）（新裝版）（文春文庫）（東京：文藝春秋，2010），頁 215。

[24]　司馬遼太郎，《坂の上の雲》（七）（新裝版）（文春文庫）（東京：文藝春秋，2010），頁 280。

7.《坂の上の雲》（八）

第八冊描述武士之處較多，其詳細如下。首先，在海戰上，真之勸阻東鄉說：「長官、武士の情けであります。発砲をやめてください」，[25]意思是說長官！「武士の情け」，請您停止開砲吧！此處所謂「武士の情け」乃指一種武士對敵軍體恤之慈悲心。又，當在面對敵軍逃走時，一位名為島村的士官也說：「武士の情けだ！」[26]，任職參謀的佐藤也跟著說：「もはや一隻ぐらい逃がしてもかまうまいと思います。武士の情けです」[27]。意思是說我覺得讓一艘逃跑也沒關係吧！「武士の情け」！在此，可看出於戰爭緊張之際，武士之慈悲憐憫心「武士の情け」依然保留在明治將士們之想法裡。

其次，正當決戰時刻，山本大尉對真之說：「いざとなれば武士らしくいさぎよく死のう」[28]。此原文是說一旦如何的話，我會像個武士視死如歸。在此，亦可看出司馬氏認為武士勇敢犧牲自我之武勇精神依然指導著明治將士們之行動。

再者，於描述乃木希典面對記者之場景時，司馬氏敘述的乃木話說：「日本の武士道のほうがすぐれている。…中略…。武

---

[25] 司馬遼太郎，《坂の上の雲》（八）（新装版）（文春文庫）（東京：文藝春秋，2010），頁 250。

[26] 司馬遼太郎，《坂の上の雲》（八）（新装版）（文春文庫）（東京：文藝春秋，2010），頁 253。

[27] 司馬遼太郎，《坂の上の雲》（八）（新装版）（文春文庫）（東京：文藝春秋，2010），頁 253。

[28] 司馬遼太郎，《坂の上の雲》（八）（新装版）（文春文庫）（東京：文藝春秋，2010），頁 259。

士道というのは身を殺して仁をなすものである。社会主義は平等を愛するというが、武士道は自分を犠牲して人を助けるものであるから、社会主義より一段上である」[29]。此原文是說乃木說：日本的武士道比較優秀，武士道是殺身成仁的，社會主義是講愛、平等的，但武士道犧牲自己幫助他人，因此它是比社會主義還要更上一層。

司馬氏又對乃木描述說：「乃木という人物は、すでに日本でも亡びようとしている武士道の最後の信奉者であった。この武士道的教養主義者は、近代国家の将軍として必要な軍事知識や国際的情報感覚に乏しかったが、江戸期が三百年かかって作りあげた倫理を蒸溜してその純粋成分でもって自分を教育しあげたような人物で、そういう人物が持つ人格的迫力のようなものがその記者を圧倒してしまったらしい」[30]。

此段原文是說乃木此人物，他是一位即將滅亡的日本武士道之最後信奉者[31]，而這位武士道教養主義者，他雖然缺乏近代國

---

29 司馬遼太郎，《坂の上の雲》（八）（新裝版）（文春文庫）（東京：文藝春秋，2010），頁298。

30 司馬遼太郎，《坂の上の雲》（八）（新裝版）（文春文庫）（東京：文藝春秋，2010），頁298。

31 關於乃木被視為武士道最後的信奉者，此一敘述應該是與明治當時對乃木的武士道實踐作法之批評及爭議亦有關。例如，乃木重視劍道教育，於學習院甚至堅持實施真刀練習，此傳統之武士教育方式，在「廢刀令」已實施多年，西式教育當道之當時，就飽受「非文明」之批判；再者，明治天皇駕崩後，乃木夫婦立即追隨殉死，此武士道古來盡忠之作法，亦驚動了當時之國內外輿論。總之，這些作法，以西方思想及教育而言為不可思議，然而，對乃木而言卻極為自然，因為他從小即是直接受如此之武士教育成長。總之，明治維新後，舉國翻然已走向新式教

家將軍領導所必須具有的軍事知識或國際情報之敏銳感覺，不
過，他卻是一位把江戶時期耗費三百年所完成的倫理，將其蒸餾
後之純粹成分用來教養要求自己的人物，如此人物其所擁有的人
格魄力似乎壓倒了當時的那名記者。

　　在此，司馬氏認為乃木是武士道教養主義者、信奉者，武士
道是殺身成仁，犧牲自己幫助他人。

　　又，在描述明治文人正岡子規其一生謙遜淡泊之墓碑內容
時，司馬氏有如下敘述說：「この墓碑の文体は子規の写生文の
模範というより、子規という人間が江戸末期に完成した武士的
教養人の最後のひとつであったことをよくあらわしている」
[32]。此段原文是說此墓碑之文體與其說是子規之寫生文模範，還
不如說子規這墓碑是在呈現出他這個人就是江戶末期所形成的武
士教養人之最後一人。在此，司馬氏認為子規雖為文人，但其身
上仍保留著武士之教養。

　　總之，第八冊中，司馬氏指出了明治武官身上所保留之武士
精神即是慈悲憐憫、視死如歸之精神，此精神依舊指導著明治武
官士兵之行動。此外，司馬氏亦指出武士道是殺身成仁，犧牲自
己幫助他人，而武士精神之傳承亦不僅止於武官兵士，即便是如
明治文人正岡子規，其身上也依然延續著武士精神之謙遜淡泊。

　　綜觀以上《坂の上の雲》全書所提及之武士及武士精神，可

　　育，武士教育已不復存在，故一旦乃木此代人消失後，即同時意味著武
　　士道教育養成之武士道實踐亦不復存在，此或為司馬氏說乃木是武士道
　　最後的信奉者之真意。
[32]　司馬遼太郎，《坂の上の雲》（八）（新裝版）（文春文庫）（東京：
　　文藝春秋，2010），頁303-304。

歸納出司馬氏所欲描述之總體樣貌如下：江戶時代，武士受身分
俸祿世襲之保障，乃為異於庶民之讀書階級，武士精神或武士道
乃重視名譽，具俠義之氣及慈愛弱小之心，重視大我、犧牲小我，
謙遜淡泊，重視義理及人情，向主君盡忠誠，於戰場視死如歸，同
時亦對敵軍具有同情憐憫，其精神可與歐洲之騎士道對峙比擬。

　　明治維新後，進入新制學校讀書出仕，乃成為武士後代於新
時代之謀生方式，武士道精神也仍於三十歲世代以上之士官身上
殘留，其典範如乃木希典與東鄉平八郎。然而，即便是明治維新
後才出生之武官與文人，彼等亦對傳統武士精神懷有憧憬，武士
及武士道精神亦依然於其人身上發揮作用。總之，於明治之現實
制度中，武士之社會階級雖已不復在，但武士精神及武士道依然
存在，同時也因為新渡戶《武士道》一書之出版，明治日本得以
武士道精神為世界所矚目，此書乃明治日本走向世界之外交工
具。

　　以上為司馬氏於《坂の上の雲》所呈現之明治期武士精神及
武士道。那麼，實際上，於此時期之武官、文人，其自身所認知
的又為何？有鑑於篇幅次第，改章另論之。

三、明治 30-40（1897-1912）年 文人與武官之武士道

　　明治維新後，日本正式走入近代，新時代之課題除了在制度
政策層面上追求富國強兵之外，一方面，關於新時代的人們所應
具有之個人內在及道德等等，亦逐漸成為探討之議題，隨著各方
局勢之發展流轉，時至明治 30-40（1897-1912）年，即《坂の上

の雲》其故事內容主要發生之時期，全國不分領域、階層及教派，遂興起一股修養書風潮。此際，武士制度雖已廢除，武士道卻逐漸受人重視，且如後文所述，在此風潮中，許多修養書籍亦不約而同的論及武士道，此乃顯示：該時期之人們實際上即是以武士道作為自我要求。以下，我們以當時的幾位文人與武官之自我修養主張為探討對象，分析指陳實際上此時期之人們對武士道之看法，並於最後再以此與前一章司馬氏針對此時期所描繪之內容進行對照觀察[33]。

1. 明治 32（1899）年新渡戶稻造之《武士道》與　明治 43（1910）年《古武士の堪忍袋》「序」

首先，我們先針對上述在明治期成為政治外交宣傳工具的《武士道》[34]一書進行觀察，於該書中，著者新渡戶稻造曾對武

---

[33] 本節說明乃以新渡戶稻造、井上哲次郎、茅野勇記、干河岸貫一、乃木希典之 5 段文章為例，依時序進行說明，其理由有如下二點。第一，新渡戶及井上為當時學界文官高端之人物，乃木則是武官一級大將，至於干河岸貫一與茅野勇記兩位，前者為翻譯作家，後者為陸軍中尉，與前述三人之上下階層顯然不同，筆者即意在藉此穿透此時期文人武官兩領域之上下階層人物，以期歸納得出此時期關於武士道之較具普遍性之看法。第二，明治 30-40（1897-1912）年為「武士道」提倡再現的時期，同時也是其實踐論修養書出版盛行之時期，筆者鎖定此時期「武士道」與「修養」兩關鍵概念進行條件搜索後，再加前述之具穿透性架構之佈局後，得以鎖定上述五位，並依時序進行分析考察。

[34] 新渡戶稻造之《武士道》最初是以英文著述發行，為 *Bushido: The Soul of Japan* (Philadelphia: The Leeds and Biddle Company, 1899)，其最初之日文版則為新渡戶稻造著、櫻井鷗村譯，《武士道》（東京：丁未出版社，1908）。

士道之淵源有如下之說明[35]。

> 神道の教義によりて刻み込まれたる主君に対する忠誠、
> 祖先に対する尊敬、並に親に対する孝行は、他の如何な
> る宗教によっても教へられなかった程のものであって、
> 之によって武士の傲慢なる性格に服従性が賦与せられ
> た。

　　此段原文是說神道教義深植其對主君之忠誠、對祖先之尊敬
以及對父母之孝行，此乃其他宗教所無法教導比擬，藉此，武士
之傲慢性格被賦予了其服從性。總之，神道是讓武士對主君具有
忠誠心，讓武士敬祖孝親，並具有服從性。總之，新渡戶於此解
釋武士道之忠孝精神乃來自神道之教義。

　　其次，新渡戶曾替有本天浪之《古武士の堪忍袋》一書寫
序，此書乃為古代武人及名士之故事集，新渡戶於其序中揭示如
下[36]。

> 武士道は我國家を振興するの精神たり、又動力たること
> は、古も今も渝る事なし。…中略…。蓋し我國上下を通
> じて、禮節を重んずること、國民の堅忍勇敢なること、
> 忠節を抽んずること、恥辱を知ること等、皆是れ武士道
> の遺產に外ならずして、又能く世界の熟知せる所、更に

35　新渡戶稻造全集編集委員會所編，《新渡戶稻造全集》，v.1《武士
　　道》（東京：教文館，2001），頁 36。
36　有本天浪，《古武士の堪忍袋》（東京：自省堂，1910）。

　　絮說を要せざるなり。

　　此段原文是說武士道乃振興我國之精神與動力，此事古今不渝，蓋我國上下重禮節，國民之堅忍勇敢，一貫忠節，知恥辱等，皆為武士道之遺產無外，此又為世界所熟知，更無須絮說。總之，此處的重點是在強調：武士道乃為振興日本之精神與動力，而重禮節、堅忍勇敢、一貫忠節、知恥辱等等，皆為世界所熟知之武士道遺產。新渡戶在此清楚主張武士道為國家精神，並羅列此精神之諸多內容。

　　總之，以《武士道》一書聞名國際的新渡戶，其主張武士道即為明治之國家精神，此精神之淵源與神道之忠孝，二者間關係緊密，且其內涵為禮節、堅忍勇敢、忠節、知恥等。

2. 明治 35（1902）年井上哲次郎之《巽軒講話集（初編）》

　　此時期尚有一位與武士道關係密切之人物井上哲次郎，井上為東京帝大之教授，同時亦為日本首位哲學教授，其除了為〈教育敕語〉護航論述之外，同時亦主張應以儒家道德為主體，建立新國家之德育體制，此體制乃揉和德國觀念論與儒家道德而成之道德體系，《巽軒講話集（初編）》一書則為井上之教育相關文章集。首先，井上於此書之「武士道と將來の道德」一節中，主張如下[37]。

37　井上哲次郎，《巽軒講話集（初編）》（東京：博文館，1902），頁100-101。

> 明治十五年一月十五日の軍人に賜つた處の敕諭を拜見し
> まするに其大体の趣意と云ふ者は矢張武士道の精神であ
> ります、夫に由つて軍人の教育が今日行はれて居る處を
> 見ますれば無論武士道の精神が消滅して居る譯ではない
> 武士道の精神は今日にありても矢張軍人の中には養成さ
> れて居るのであります。

　　此段原文是說拜見明治 15（1882）年 1 月 15 日之上賜〈軍人敕諭〉，其大致之趣意仍為武士道之精神，由此觀諸軍人教育於今日所行，不消說武士道之精神並非已消滅，武士道之精神縱至今日仍於軍人中養成。

　　在此可窺知：對井上而言，〈軍人敕諭〉所說其實就是武士道精神，武士道依舊在現代軍人身上養成，並未消失。井上又說[38]：

> 武士道に於きまして忠孝禮智信義と云ふやうな事が大變
> 重んじてありますが、夫等は今日に惡いと云ふ事はな
> い、皆大變善いである、併しながら最も武士道に尊ぶ可
> き處は武士道の精神である。…中略…。日本人の實行の
> 精神である。

　　此段原文是說武士道非常重視忠孝禮智信義，此等在今日乃

38　井上哲次郎，《巽軒講話集（初編）》（東京：博文館，1902），頁118。

為無惡，皆為非常良善，而武士道最應尊敬之處則為武士道之精神，日本人之實行精神。在此可窺知忠孝禮智信義等綱目為武士道之重要綱目，而其實行精神最為可貴。再者，井上又說[39]：

> 武士道は獨り軍人に必要といふべきでない、志士仁人には皆必要である、志士仁人は武士道の精神を懷いて永遠に發展せんければならぬ。

此段原文是說武士道不應獨言於軍人為必要，於志士仁人亦皆為必要，志士仁人必須懷有武士道之精神以永遠發展。也就是說井上認為軍人、仁人志士皆需要武士道，此精神可以讓人永遠發展。此外，井上又說明如下[40]。

> 我邦の兵士が日清戰爭に又聯合軍に於て大に武功を顯したといふことも決して偶然では無い、武士道の精神が今に至つて彼等の頭腦中に存續しているに相違ない、武士道の形骸は封建制度の廢せらる、[41]と共に無くなつたものでありますけれ共、武士道の精神は其時に忽ち消え失

---

[39]　井上哲次郎，《巽軒講話集（初編）》（東京：博文館，1902），頁121。

[40]　井上哲次郎，《巽軒講話集（初編）》（東京：博文館，1902），頁329。

[41]　「ヽ」為所謂「踊り字」。一般是當平假名重疊 2 文字時會標記為「ゝ・ゞ」，片假名 2 文字重疊時則是標記為「ヽ・ヾ」，不過，此著作異於一般標示，當平假名重疊 2 文字時會標記為「ヽ・ヾ」，當片假名 2 文字重疊時則會以較小的「ヽ・ヾ」標記。

> せたといふ譯は無くして矢張り日本國民の精神として存
> 續して居るに相違ない。

　　此段原文是說我邦兵士於日清戰爭及聯合軍中大顯武功，絕
無偶然，武士道之精神確實至今仍存續於彼等頭腦中，武士道形
骸於封建制度廢止俱為消失，然而，武士道之精神並非於其時忽
焉消失，其確實以日本國民之精神依舊存續。在此，井上主張日
本士兵之所以能在甲午戰爭中戰勝，乃是因為武士道精神猶於士
兵身上發揮指導作用。封建制度雖已廢止，但武士道精神依舊深
刻影響日本國民之精神。

　　另一方面，井上又於「教育雜感」提及武士道如下[42]。

> 今日軍人に賜つてある所の敕語を奉讀するに、全く武士
> 道の精神である。…中略…。軍人に賜つた敕語と教育界
> に賜はつた敕語と寸豪の違はない、一は武士道を示さ
> れ、一は國民道德を示めされたもので、この兩者は鳥の
> 雙翼、車の兩輪のやうに、相待つて効を奏すべきもので
> あると思ふ。

　　此段原文是說今日奉讀上賜軍人之敕語，全然為武士道之精
神，私以為上賜軍人之敕語與上賜教育界之敕語並無絲毫差異，
一者教示武士道，一者教示國民道德，此兩者猶如鳥鳥雙翼，車

---

[42]　井上哲次郎，《巽軒講話集（初編）》（東京：博文館，1902），頁
375。

輜雙輪，乃相需奏效。此段內容的背景是明治天皇分別於明治
15（1882）年、明治 23（1890）年對軍界及教育界，發佈〈軍
人敕諭〉與〈教育敕語〉，井上則清楚的指出上賜軍人之敕語
（〈軍人敕諭〉）即為武士道精神，且「敕諭」與「敕語」二者
無異，一者為武士道，一者為國民道德，二者如烏鳥之雙翼，車
輛之二輪，相輔相成。

　　總之，井上認為「敕諭」與「敕語」，其內容雖各為武士道
及國民道德，但二者互為一體兩面，無實質差異。換言之，就井
上而言，武士道與國民道德二者之間，若說有差異，則僅是在於
因勸進開講之對象不同而於措辭語彙上有所不同，但就其實質而
言，二者則為異名同謂。何以言之？此乃因眾所皆知，「敕語」
之重點著眼在忠孝道德，而武士道之道德則如前文所述，亦同是
以忠孝為首，換言之，二者之內容重點同為忠孝。總之，井上主
張「敕諭」、「敕語」皆言武士道，武士道除了軍人之外，其他
仁人志士也都需要，武士道具有可貴之實行精神，可令人永續發
展，乃日本之國民精神。

3. 明治 41（1908）年茅野勇記之《精神之修養》

　　時序進入明治 40 年代，當時有位陸軍步兵中尉茅野勇記撰
寫了一本給軍人的參考書籍，名為《精神之修養》，此書亦曾明
確提及武士道，值得注意[43]。

　　教育敕語、軍人敕諭ハ武士道ノ敕解ナリ而シテ至誠ノ二

---

[43]　茅野勇記，《精神之修養》（東京：兵林館，1908），頁 11-13。

字二歸ス者人倫五常ノ道ハ勿論天下凡テ至誠ノ二字二發
セサルハナシ。…中略…。古來未タ忠ニシテ孝ナラサル
モノナシ若シ是レ眞正ノ忠孝ニアラス忠孝二途ノ別ナキ
ナリ忠孝ノ人ニシテ至誠ナラサルモノナシ。

　　此段原文是說〈教育敕語〉、〈軍人敕諭〉乃武士道之敕
解，歸於至誠二字者也。人倫五常之道者，不消說天下凡無不發
乎至誠二字，古來未有忠而不孝，若有，乃非真正之忠孝，忠孝
無二途之別，忠孝之人無不至誠。茅野此話乃意味著〈教育敕
語〉、〈軍人敕諭〉二者皆為今上對武士道之敕解，皆歸結於至
誠，且人倫五常皆發於至誠，真正之忠孝為二者為一，忠孝之
人，無不至誠。總之，茅野中尉之看法是主張「敕語」、「敕
諭」兩者皆為武士道，皆講究至誠，且皆以至誠實踐五倫，「敕
語」與「敕諭」之道德內容頂點則皆為忠孝，武士道之重點即為
忠孝。

4. 明治43（1910）年千河岸貫一之《修養美譚》

　　此時期亦有位名為千河岸貫一的作家、翻譯家，其蒐集武士
道德相關之故事並彙整出版為《修養美譚》一書，於此書之「武
士道の性質」一節中，千河岸對武士道明白呼應如下[44]。

我日本が兵の強きを以て世界に知られ、殊に露國と戰ひ
勝ちしよりは、世界強國の一に位するに至りしは、其の

---

[44] 千河岸貫一，《修養美譚》（東京：丙午出版社，1910），頁1-2。

原因を種々あげつらふ者あれども、其大部分を以て武士
道り賜ものなりといふべし。…中略…。封建は維新のは
じめに廢せられ、武門武士の常職を解き、徴兵の制とな
りたれども、士族が平民同樣になり下つた樣に思ふが、
そふではなくして、一般の臣民が封建時代の武家と同じ
く、國家をまもる兵となることに改まつたので、即ち平
民がみな士族の心もちにならねばならぬ、左すれば武士
道は昔しは士族ばかりに用ひられたものなれども、今日
は全國各階級を通じて、武士道の心得がなければならぬ
事となつたのである、且つ封建は廢せられたれども、今
日とても將校方には士族が多い、即ち先祖代々武家の家
に生れた人が澤山ある、又平民の子でも士官學校あたり
で軍事教育をうけた人は、武士道を以て薫陶をうけて居
た人である。

　　此段原文是說我日本以兵強為世界所知，尤自戰勝俄國以至
位居世界強國之一，其原因可羅列種種，然其大部分可謂為武士
道所賜，封建於維新初已廢，解武門武士之常職，採徵兵之制，
士族雖看似下至與平民同般，然並非如此，而是一般之臣民變為
與封建時代武家同般，皆成為保衛國家之兵士，因此，也就是說
平民皆必須要有士族之心，如此，武士道於往昔雖僅為士族所
用，而今日則是變成於全國各階級中，大家所必須具有之武士道
素養，且封建雖已廢止，然今日將校之中多為士族，其出生於先
祖世代武家之家庭者繁眾，即便是平民之子，也皆是在士官學校
受軍事教育，受武士道薫陶之人。

　　在此干河岸是認為日本之所以戰勝俄國而躋進列強，其大部分乃由於拜武士道之賜[45]，維新後，武士廢業，國家改採徵兵制，但此政策並非意味著所有士族下降至等同於平民，反而是意味著所有平民一起上升成為臣民，且所有臣民皆必須如同封建時期之武家般，一起進入全民皆兵之狀態，即平民也必須以士族之心來為國家效力，總之，各階級皆需具備武士道教養。

　　在此，清楚可見，武士階級雖已廢除，但武士精神或武士道並未消失，它反而成為新國家之全民精神。過去國家是由武家所保護，現在則改採徵兵制，改由所有人一同保護，換言之，武家士族與徵兵將士，在制度上雖有不同，但在精神上皆是以武士道為指導。

5. 明治 45（1912）年乃木希典之《修養訓》

　　作為明治陸軍大將同時其一生也是服膺武士道、對明治天皇竭盡忠誠的乃木希典，其對教育之感想口述，被集結出版成《修養訓》一書，此書中有如下之內容[46]。

　　　　實に大將は、單り忠勇、慈愛と云ふ許りでなくて、軍人
　　　　の教育竝に其の修養と云ふことには、極めて熱心であ

---

[45]　關於武士道於近代所發揮之強大作用，笠谷和比古，《武士道—侍社会の文化と倫理—》（東京：エヌティティ出版，2014），頁 162，其認為日本於近代歐美列強環伺之下，依然能堅持其國家之獨立性而免於被殖民，無可置疑的武士道之文化倫理發揮了極大之力量。

[46]　乃木希典述、岡本學編，《修養訓》（東京：吉川弘文館，1912），頁 35-38。

る。…中略…。故に往昔の武士なるものは、何れも萬一
の場合に、不覺を取らぬ為、平生あらゆる事柄に、此の
心掛が現はれて居た。…中略…。先づ第一の覺悟として
は、軍人は普通人とは、別社會にあることである。

此段原文是說其實乃木大將軍非單是忠勇、慈愛，於軍人之
教育暨修養之事，極為熱心，故往昔之武士顧及到有任何萬一之
時刻，為了免於大意失敗，於平生所有事物上，均於此留意，首
先第一之覺悟為，軍人是身處在一個有別於普通人的另一個社
會。

換言，乃木大將軍不單只是忠勇、慈愛，尚且熱心於軍人教
育及修養，武士為了怕在萬一時刻會臨時大意，遭致失敗，因此
無論何時何事皆把自己身為武士、軍人之覺悟銘記在心。此外，
乃木緊接著於同文後述中尚且明確主張軍人必須遵守〈敕諭五ヶ
條〉（即〈軍人敕諭〉），同時亦羅列其重點內容如下[47]。

一、軍人は忠節を尽すを本分とすべし。一、軍人は礼儀
を正しくすべし。一、軍事は武勇を尚ぶ可し。一、軍人
は信義を重んずべし。一、軍人は質素を旨とすべし。

此段原文是說軍人應以盡忠節為本分、軍人應正禮儀、軍人
應尚武勇、軍人應重信義、軍人應旨質素。如文所示，忠節、禮

---

[47]　乃木希典述、岡本學編，《修養訓》（東京：吉川弘文館，1912），頁
　　40-41。

儀、武勇、信義、質素，此為今上所賜〈軍人敕諭〉之五個重
點。

　　明治 45（1912）年 7 月明治天皇駕崩後，乃木隨即於同年 9
月自刃殉死，震驚國際，乃木於《修養訓》之武士一語用詞，無
疑是自然流露出其自身即是以武士自居之強烈想法，進一步而
言，在乃木之想法裡，恐怕軍人其實就等於是武士，只是新時代
之軍人不僅是要如過去的武士必須講究一些道德綱目之外，更重
要的是尚必須隨時牢記明治天皇下賜的忠節、禮儀、武勇、信
義、質素之〈敕諭五ヶ條〉。在此，必須特別注意的是，此五條
之內容乃以盡忠節為首。

　　以上乃吾人針對明治 30-40（1897-1912）年，即《坂の上の
雲》其故事內容主要發生之時期裡的幾位明治期之文人、武官，
以其自身實際之想法為例，分析彙整，而其所得大致如下。此時
期無論是文人、武官，其於細部之主張上或有些許不同，但大致
皆認同武士道，亦認為武士道即是明治之國家精神，並肯定武士
道即是日本之所以成為強國之原因，也認為當時天皇下賜之〈教
育敕語〉、〈軍人敕諭〉二者皆為武士道，皆是以忠孝為首之道
德精神。維新後，武家後代與平民俱成為臣民，武士道之精神成
為臣民之道德倫理。於如此框架之下，忠節、禮儀、武勇、信
義、質素之〈軍人敕諭〉、以及以忠孝為首的〈教育敕語〉，此
二者乃因場合而有之異名同謂。總之，「敕諭」之武士道及「敕
語」之國家道德，二者大致皆是以忠孝為首之道德精神。

四、結語

我們將司馬遼太郎於《坂の上の雲》中所描繪之明治期武官文人之武士精神樣貌，以及明治 30-40（1897-1912）年即《坂の上の雲》其故事內容主要發生時期裡之武官文人自身之實際認知，將此二者各自進行考察分析如上。最後，我們再將此二者進行比對，歸納如下。

首先，司馬氏在《坂の上の雲》認為，武士制度雖已消失，但明治期，武士精神及武士道依然存在，依舊於武官、文人身上發揮作用，此與明治期之武官文人之實際看法大致相同。其次，武士道講究忠誠，重視義理，具有武勇精神，此亦與明治期之武官文人之實際認知大致相同。

然而，司馬氏之描述與明治武官文人之實際看法，其間亦存在顯著之差異，即此二者在對於忠孝頂點道德體系之處理上，乃有所不同。具體而言，在司馬氏之敘述裡，其雖也認為明治人講究忠誠，也認為忠誠是武士道精神，然而在其字裡行間，卻獨不見其對武士道之清楚定位。相對的，在明治武官文人之實際認知裡，卻清楚可見：以忠孝為頂點之〈軍人敕諭〉與〈教育敕語〉，即軍人道德與教育道德總括而成之明治期忠孝武士道。換言之，司馬氏僅僅是以忠誠模糊略述武士道之內容，然而，此與明治武官文人的「敕諭」、「敕語」二合一、清楚強烈之忠孝武士道之想法，兩相對照，形成昭然確實之對比。

何以致此？個人以為，以司馬氏一向嚴謹考證寫作手法而言，恐非是由於其對史實欠缺考證所致，反之，應是由於司馬氏清楚此事實卻對其刻意淡化處理所致。司馬氏之所以對「敕

論」、「敕語」二合一之忠孝武士道淡化處理，乃是因此作品
中，司馬氏極欲將明治青年精神直視為江戶傳統倫理之繼承[48]，
然而，明治所發展之武士道即正是那套「敕諭」、「敕語」所述
之忠孝武士道，此意識型態卻偏偏於二次大戰後即背負著戰爭宣
傳之罪名，因此，司馬氏恐為避免招惹爭議失焦，故對此「敕
諭」、「敕語」忠孝武士道刻意採取迴避，藉此以削弱整體作品
中之國家高壓權力體制氛圍，避開戰後之敏感問題，放大明治期
武士精神，進而凸顯明治做為日本傳統文化延伸之定位，而此乃
歷來研究所忽視看漏，亦是司馬氏於此作品中對武士道一議題處
理手法之特殊所在。此外，關於明治之武士道精神，除上述之幾
位文人武官外，尚有其他作品例如夏目漱石之作品，以及乃木希
典殉死所引發之效應、以及司馬氏所處時代是如何認識武士道、
其對武士道的其他敘述等等，亦值得延伸觀察，皆一併有待日後
探討延續。

---

[48] 司馬氏所認為的江戶武士道倫理乃指一種行動倫理之精神美意識、一種
與武士有連結的自律精神之美意識，此處或亦為司馬氏之武士道與戰前
或戰後帶有「建構」的或「虛構」的、與武士脫節的武士道諸多論述之
間之顯著差異所在，關於司馬氏之江戶武士道則可參考北影雄幸，《司
馬遼太郎作品の武士道》（東京：光人社，2004），頁 16-17。

第三章　明治期武士道之性格：
自明治 30-40（1897-1912）年代
之武士道論觀之

　　日本於明治維新啟動後，西化浪潮大舉襲來，歷經甲午、日
俄戰勝，約至明治 30-40（1897-1912）年代，國家主義逐漸高
漲，傳統色彩濃厚之「修養書」風潮盛行，同時眾多之武士道論
亦陸續問世，換言之，武士道論乃是於西化、國家主義、傳統回
歸等諸多浪潮交會激盪中赫然登場，其思想營為亦呈現多元，故
當我們理解掌握此武士道論之性格時，除了有必要自其西化、國
家主義等背景課題探討外，亦有必要自武士道論其自身對傳統思
想之內省課題進行探討。

一、前言

　　關於明治時代武士道論，目前的相關研究不可謂多[1]，有的
研究因為重視武士道論所具有之國民道德精神課題，故認為武士

---

[1]　目前學界對明治武士道之研究詳參「第一章 序論」之研究文獻回顧，
　　此類明治武士道研究雖與明治期武士道論相關，但其問題意識均與本研
　　究相去甚遠。

道論是一種以比較文明論觀點去掌握明治國家的國民道德、民族
精神的論述[2]，也有的研究則因為比較偏重武士道論所具有之國
家主義等之背景課題，而認為武士道論是一種武士之名譽文化之
再解釋[3]，也有的研究則由於比較側重武士道論所面對的西化超
克問題，因而主張此時期之武士道論是「反歐化」、「歐化」、
「超克歐化」課題之一連串呈現[4]。

2　菅野覚明，《武士道の逆襲》（東京：講談社，2004），頁 260-281，
　　其以井上與新渡戶兩者為例，認為武士道論所主張的是一種以比較文明
　　論觀點去掌握明治國家的國民道德、民族精神，此研究重點在國民道
　　德、民族精神之建構課題，欠缺武士道論自身所具有的對傳統思想省思
　　之側面。

3　Alexander Bennett，《武士の精神とその歩み─武士道の社会思想史的
　　考察─》（京都：思文閣出版，2009），頁 229-231，以西周、井上哲
　　次郎、新渡戶稻造為例，認為其武士道論是一種武士之名譽文化之再解
　　釋，也是與國家主義融合之傳統的創造，而武士道則是經由「軍人敕
　　諭」，成為效忠天皇之軍人道德，經由〈教育敕語〉，成為忠孝頂點
　　下，臣民、國民之道德，此研究亦與前揭注 2 菅野氏之研究，雖論述方
　　式有所不同，但同是側重在國家主義等背景相關之精神課題，忽視武士
　　道論所具有之內省側面。

4　藍弘岳，〈近現代東亞思想史與「武士道」：傳統的發明與越境〉，
　　《臺灣社會研究季刊》85（臺北：臺灣社會研究國際中心，2010），頁
　　51-88，以山岡鐵舟、福澤諭吉、新渡戶稻造、井上哲次郎為例，認為
　　近代日本的武士道論述是一種於回歸傳統與歐化交融中，呈現出「反歐
　　化」、「歐化」、「超克歐化」的一連串論述，而武士道則是在其中被
　　創出之傳統。然而，位於回歸傳統與歐化交融中的武士道論，其實除了
　　具有在面臨外來思想之歐化、反歐論之同時，其實也具有對武士道傳統
　　思想要素神、儒、佛之自省。藍氏之研究雖指出了在此過程中，思想家
　　之歐化側面，但卻忽略思想家對在來傳統思想之省思，而這是不充分
　　的。照藍氏說法，福澤、新渡戶則都是歐化之武士道論述，雖然歐化的

　　然而，明治 30-40（1897-1912）年代之際，日本國家社會除
了發展西化及國家主義課題外，也同時在對傳統之思想宗教等進
行劇烈改革[5]，武士道論即是於如此思潮多元交錯時期躍上輿論
之舞台，故在理解掌握此武士道論述時，我們除了必須注意到環
繞著武士道論之西化、國家主義等之背景課題外，我們也更必須
注意到武士道論其自身內容對傳統思想所進行之內省課題。然
而，歷來之明治期武士道論研究大多傾向於西化、國家主義等之
背景課題研究，對於武士道論其自身所具有的傳統思想省思罕見
論及，有待補足[6]。

　　本研究乃基於上述出發，自武士道論對傳統思想內省之課題
出發[7]，對明治 30-40 年代（1897-1912）之武士道論展開考察分
析，主要以山岡鐵舟、新渡戶稻造、井上哲次郎三者所論述之武
士道為例，分析三者各自所呈現之傳統反思，以及其意義與目

　　確是其特徵之一，但問題是這兩者對傳統有完全不同顯著差異，前者是
　　批判、後者是肯定，因此僅以歐化論述無法充分釐清福澤、新渡戶二者
　　武士道論之差異。總之，武士道論述，固然具有與外來思想競合即歐化
　　問題之側面，但其對傳統思想要素進行自我回顧，即神、儒、佛再自省
　　之側面，亦不能忽視。

[5]　宗教改革亦是此時期之極大之精神課題，尤其是以佛教之「廢佛毀釋」
　　衝擊最劇烈，關於此可參考安丸良夫，《神々の明治維新——神仏分離
　　と廃仏毀釈》（東京：岩波書店，1979），頁85-118，此外，明治期之
　　佛教界因應於此之自身改革亦值得注意，可參考末木文美士，《明治思
　　想家論（近代日本の思想・再考）》（東京：トランスビュー，
　　2004），頁3-18。

[6]　如前揭注2、3、4。

[7]　如後文所述，至明治 30-40（1897-1912）年代之時間點，一般認為武士
　　道含傳統思想要素有神道、佛教、儒教共三者。

的，最後將此三者照會，進而廓清武士道論其所呈現的另類樣
貌。

二、明治 35（1902）年山岡鐵舟《武士道》

　　山岡鐵舟（1836-1888）乃是與勝海舟（1823-1899）並列為
江戶無血開城、明治維新之重要功臣，他也是一位廣為當時世人
所景仰的武士及劍道高手，「禪劍一致」則是其一生所追求之境
界。鐵舟於維新後，依舊盡忠職守，並且終生以護衛皇室的武士
為榮。鐵舟曾於明治 20（1887）年應籠手田安定之請託，分四
次講述武士道，其內容則後由安部正人記錄成「山岡先生武士道
講話記錄」，再於明治 31（1898）年經勝海舟評論後，最後將
其評論記述也一併彙整成書，於明治 35（1902）年由光融館則
以《故山岡鐵舟口述 故勝海舟評論 安部正人編纂武士道》（略
稱《武士道》）之書名，出版問世，因此，今日我們可藉由此書
清楚窺知明治 20（1887）年至明治 35（1902）年期間，山岡鐵
舟與勝海舟兩人對武士道之看法。

　　在此書之開首處，鐵舟就自白說他自己所認為的武士道就是
汲取自佛教的教理，他認為做人的道理盡在其中[8]。關於這點勝
海舟於其評論中也直接點評說鐵舟的武士道正如其自身所言，乃
得自佛教、禪理[9]。那麼，鐵舟所言之武士道究竟為何？

---

[8]　山岡鐵舟述・安部正人編，《武士道》（東京：光融館，1902），頁
　　10。
[9]　山岡鐵舟述・安部正人編，《武士道》（東京：光融館，1902），頁
　　46-47。

　　鐵舟認為武士道有四要素，即「父母の恩」、「眾生の
恩」、「國王の恩」、「三寶の恩」，人之所以活著是在答謝此
四恩。那麼，鐵舟的武士道既以此為出發，則其具體概念又為
何？關於此，鐵舟說明如下。

> 發達には幾多の原因がある、武士其の者の地位も一原で
> あるが、大に之れを輔けて、忠孝、節義、勇武、廉恥を
> 獎勵したものは、神儒佛三道一貫の大道が日本人天性の
> 元氣に保助的感化を興へたものである、殊に佛教の賜恩
> が非常のものである[10]。

　　武士道發達有諸多原因，特別是跟武士之社會地位息息相
關，而之所以會獎勵強化忠孝、節義等概念者則是因為「神儒佛
三道一貫の大道」感化了日本人之天性，而佛教特別是在給予此
大道感化上產生了極大之影響。在此，武士道與神儒佛一貫大道
有關，神儒佛三者是一貫為道。那麼，在此所言佛教影響「賜
恩」於此一貫之道，那麼神佛二者既皆為宗教，則神佛二者間之
關係為何？

> 世人が神と尊ひ佛と敬ふ尊稱は只だ其の形外上の稱號に
> して、其實體に至りては、神佛一體一貫の道である[11]。

---

[10]　山岡鐵舟述・安部正人編，《武士道》（東京：光融館，1902），頁
58。

[11]　山岡鐵舟述・安部正人編，《武士道》（東京：光融館，1902），頁
26。

在此，神佛只是形式上稱號的不同，其實體是「神佛一體一貫」的道理。也就是說，鐵舟認為神佛為異名同謂，兩者一貫並為道。總之，武士道的概念中，神、儒、佛三道一貫的道為武士道發達之構成要素，而神、佛一體，乃異名同謂。

總之，鐵舟所謂的以佛教為首的影響也好，神儒佛三者一貫也好，神佛一體也好，我們可窺知山岡鐵舟的武士道乃充滿著濃厚的傳統思想。在此我們更必須特別注意的是，明治維新後，政府除了加速西化之外，亦同時實施神佛分離政策，自此全國各地陸續興起了「廢佛毀釋」的運動[12]，然而，鐵舟的所謂「神佛一體一貫」的武士道主張卻於此時毫不避諱的出現，身為關心社會效忠皇室的重要武士，鐵舟的看法自是與上述社會局勢不可脫節，那麼，鐵舟究竟如何反映當時的佛教批判浪潮？關於此，我們必須注意到鐵舟有如下兩則嚴厲批判。首先，他批判如下。

> 我が歴代の　至尊を初め奉り、百官臣僚も神佛同體として尊信し給ひしは誠に至當の道理である。…（中略）…。我國は神佛一體、靈驗妙應、寔に在すが如き國であると云へば、今日の科學、學問に偏信した生意氣連中が、科學的證明に示めさるるものでなければ、總て信ずるに足らんと云ふかも知れむ。[13]

鐵舟說神佛同體是自古百官臣僚所尊奉之道理，日本這個國

---

12 關於「廢佛毀釋」，為避免重複，參考前述注 5。

13 山岡鐵舟述・安部正人編，《武士道》（東京：光融館，1902），頁169。

家則是存在於「神佛一體、靈驗妙應」中的國家，然而，現在偏信科學的狂妄傢伙卻認為其無法以科學證明，就因此認為全部不足以為信。在此，鐵舟批判了當時那些以西化科學之想法來否定「神佛一體、宗教靈妙」的論述。其次，他更批判如下。

> 近頃拙者の許に內外幾多の人が遣つて來る、夫れ等諸人の言葉の中に、或は基督主義とか、儒教主義とか、一々舉げ兼ねる程多いが、要する處皆な迷い話で枝葉を持ち扱ふて居る工合である、例令ば、佛と神とは更に其實を異にするとか、國家主義と個人主義とは相反目して、全く容れられぬものだとか、彼れ是れ迷說限りがない[14]。

　　在此，鐵舟以為最近有許多人都在講基督主義、儒教主義等等都是迷妄，他們其實只是抓住了其枝葉瑣碎，例如他們主張說神、佛為不同，國家主義和個人主義相對，認為兩者完全無法相容等等，這些說法都是迷妄至極，而我們由以上鐵舟二點批判而觀之，可獲知如下。

　　首先，鐵舟之武士道論，其實是除了批判那些否定神佛宗教之科學論者之外，更批判了那些主張神佛分離之論調。其次，鐵舟以為國家主義與個人主義並非完全不相容，因為當時在主張國家主義的論調中，神道與儒教是主體，而在主張個人主義的論調中，基督教、佛教則為主體，然而，這些都是只見枝葉、不見整

14　山岡鐵舟述・安部正人編，《武士道》（東京：光融館，1902），頁228-229。

體的迷妄，換言之，他們都並不瞭解其實神儒佛為一體。其次，鐵舟認為所有道理之主體仍應該為「神儒佛三道一貫の大道」，這也是武士道之根本構成，因為他認為基督主義、儒教主義是屬於枝節葉片的，然而枝葉並非主幹根本。在此，我們可明顯窺知鐵舟的看法恐應源自吉田神道所講的「三教枝葉花実論」，亦即佛、儒、神分別為花實、枝葉、根本，佛、儒、神三教融合一體的傳統思維框架。

　　此外，鐵舟還批判人們認為只要是科學研究都是對的，以今為是，以古為非，無視神佛，藐視君父聖賢，罵神佛的教法為一時方便假設之虛誕，更還有人說佛教不適合國體，甚至還有人認為不需要有什麼神、儒、佛宗教，竟認為自己另有方法讓自己具有自信[15]。

　　總之，在面臨西化科學思潮、神佛分離之浪潮發展中，鐵舟所主張的武士道，其內容是以「神儒佛三道一貫の大道」為根本構成要素，因而他對於那些以科學否定宗教的人們進行嚴厲批判，更對於那些排斥佛教、主張神佛分離之思維也進行嚴厲批判，因此鐵舟也主張基督主義、儒教主義等之看法都只是偏執一方，認為他們都只是抓住了枝葉而迷失了主幹與根本。從以上如此之神儒佛三道一貫之武士道主張，我們除了可看出鐵舟自身是汲取自佛禪之看法之外，亦更可看出其源自神佛習合之「三教枝葉花実論」的傳統思維框架，也因此，更反映出在當時神佛分離、批判詆毀佛教之氛圍背景中，鐵舟對佛教的迴護立場，換言

---

[15] 山岡鐵舟述・安部正人編，《武士道》（東京：光融館，1902），頁230-233。

之，鐵舟之武士道論述是汲取自傳統之神、儒、佛，但其主張以
佛為主，也反映出其對當時神佛分離、科學反宗教之批判。

三、明治 32（1899）年新渡戶稻造《武士道》

今日全世界之所以對武士道開始產生認識與瞭解，必須歸功
於新渡戶稻造（1862-1933）所撰寫的《武士道》，新渡戶出身
自藩士家庭，至長受洗入信，後至美國、歐洲留學，返國後曾任
京都帝國大學教授、臺灣總督府糖務局長、東京帝國大學教授、
第一高等學校校長、國際聯盟事務次長等，活躍於日本及世界，
他的《武士道》一書最先是以英文於明治 32（1899）年寫成，
出版後轟動歐美，之後才由櫻井鷗村翻譯成日文，於明治 41 年
（1908）年由丁未出版社在日本出版發行[16]。

16　歷來也不少新渡戶稻造研究，詳細可參松下菊人，《国際人・新渡戶稻
　　造》（東京：ニューカレント　インターナショナル，1987），頁 231-
　　246，或參閱簡曉花，《新渡戶稻造研究──『武士道』とその後》
　　（臺北：南天書局，2006），頁 5-15。目前為止的新渡戶稻造研究大致
　　可分成新渡戶生涯研究及新渡戶思想研究二類，而其中的思想研究則是
　　以武田清子及佐藤全弘研究者之研究為最詳盡，不過，兩氏之論述重心
　　主要為新渡戶是如何的接納基督教以及其思想之內容。此外，論及新渡
　　戶之武士道者則有谷口真紀，〈新渡戶稻造の『武士道』──東西文化
　　の架け橋〉，《比較文化研究》97（弘前：日本比較文化學會，
　　2011），頁 77-87，該研究是以武士道與基督教的「接木型」連結思考
　　為中心而展開論述。而 M. La Fay，〈新渡戶稻造と内村鑑三の武士
　　道〉，《基督教學》45（札幌：北海道基督教學會，2010），頁 30-39
　　則雖有談及所謂的日本的道德，但其實仍是以基督教為主要內容。總
　　之，歷來的新渡戶稻造研究中，真正有針對新渡戶與明治武士道的形成

　　新渡戶在《武士道》中認為武士道的要素為佛教、神道、儒教。首先，他說：

> 運命に任すといふ平静なる感覚、不可避に対する静かなる服従、危険災禍に直面してのストイック的なる沈着、生を賤しみ死を親しむ心、仏教は武士道に対して之等を寄与した[17]。

他認為佛教給予武士道賤生親死之心，能讓人面臨危險災禍可以沈著，平靜遵從自身之命運。此外，他也主張如下。

> 仏教の与へ得ざりしものを神道が豊かに供給した。神道の教義によりて刻み込まれたる主君に対する忠誠、祖先

進行論述的則出乎意外的少，舩場大資，〈「明治武士道」にみる「文明の精神」の普及：新渡戶稻造と実業之日本社を中心に〉，《東アジア研究》13（山口市：山口大學大學院東アジア研究科，2015），頁223-245 的研究還算勉強可列入計算，然而，舩場的論述重點是《武士道》中以日本的詞彙翻譯西歐的道德以及《実業之日本》所見之武士道，舩場以此二觀點考察明治武士道之普及，而明治期之武士道論說之武士道形成問題則依然是下落不明。

17　《武士道》最初是以英文撰寫而成，而最早之日譯本是由櫻井鷗村完成。不過，現在一般學界比較通行的日譯版本則是由岩波書店於 1938 年所出版的矢內原忠雄日譯本。本研究所用之底本則是此矢內原忠雄譯本之誤植修正後收錄於新渡戶稻造全集編集委員會所編，《新渡戶稻造全集》，v.1《武士道》（東京：教文館，2001）之版本。又本段落出處為《武士道》頁 35〈第二章　武士道の淵源〉である。新渡戶稻造之《武士道》之原文出處，下引同略。

に対する尊敬、並に親に対する孝行は、他の如何なる宗
教によっても教へられなかった程のものであって、之に
よつて武士の傲慢なる性格に服従性が賦与せられた[18]。

　　新渡戶認為，對於佛教無法給予的，神道的教義則將忠誠、
敬祖、孝親刻入了人心，讓武士的傲慢性格裡具有服從性[19]。再
者，新渡戶又說：

　　嚴密なる意味に於ての道德的教義に関しては、孔子の教
　　訓は武士道の最も豊富なる淵源であった[20]。

他主張儒教豐富了武士道的道德教義。

　　在此可窺見新渡戶認為佛、神、儒三者共構了武士道，武士
道之生死觀是來自佛教對生死之領悟，讓武士可以從容接受死亡

---

[18]　新渡戶稻造全集編集委員會所編，《新渡戶稻造全集》，v.1《武士
　　道》（東京：教文館，2001），頁36。

[19]　一般談論「忠孝」及服從，大多是從儒教去談。不過，我們若從這個段
　　落的前後文脈去仔細推敲，則可窺知新渡戶在這裡是認為「忠孝」及服
　　從是由神道所感化形成。那麼，為何接觸過漢文典籍的新渡戶會特別這
　　樣的撰寫？啟人疑竇，耐人尋味。案，新渡戶的時空背景是天皇制國家
　　意識形態高壓籠罩的明治國家，在當時是以祭、政、教三合一形成鞏固
　　國家意識形態，人們必須至神社參拜、向天皇相片敬禮遙拜並奉讀「教
　　育勅語」，而「教育勅語」的內容本身即是以儒教、神道為中心所構
　　成，因此，新渡戶在提及神道段落時會自然的提到「忠孝」及服從，並
　　不意外。

[20]　新渡戶稻造全集編集委員會所編，《新渡戶稻造全集》，v.1《武士
　　道》（東京：教文館，2001），頁38。

災難的來臨，而神道則是規範了武士之忠孝特質及其服從性，而
其具體道德行為德目則來自儒教。總之，佛、神、儒三者為武士
道之基本要素。

　　那麼，武士道之具體定義為何？新渡戶提出說明如下。

> 私が大ざつぱにシヴァリーChivalry と訳した日本語は、
> その原語に於ては騎士道といふよりも多くの含蓄があ
> る。ブシドウは字義的には武士道、即ち武士がその職業
> に於て守るべき道を意味す。一言にすれば、『武士の
> 掟』も即ち武士階級の身分に伴う義務である[21]。

　　新渡戶認為武士道相當於騎士道，是一種武士的職業道德，
是武士此階級的應盡義務。而且，他說：

> 私は武士道に対内的及び対外的教訓のありしことを認め
> る。後者は社会の安寧幸福を求むる福利的主義であり、
> 前者は徳の為めに徳を行ふことを強調する純粋道徳であ
> つた[22]。

換言之，新渡戶認為武士道之道德作用是兼具對內、對外，對內
是一種純粹道德實踐，對外則是追求社會安定幸福。總之，新渡

---

[21] 新渡戶稻造全集編集委員會所編，《新渡戶稻造全集》，v.1《武士
　　道》（東京：教文館，2001），頁 30。

[22] 新渡戶稻造全集編集委員會所編，《新渡戶稻造全集》，v.1《武士
　　道》（東京：教文館，2001），頁 120。

戶認為武士道即是武士之職業所應遵守之規範，相當英國的騎士
道，武士道是具有治己安民的內外道德作用。

　　然而，武士職業既已消失，那武士道該何去何從？新渡戶在
此書中認為武士道是封建制度之產物，封建制度雖滅亡，但武士
道依然殘存[23]，他說武士道之感化至今仍深植人心，其作用是一
種無意識的潛移默化[24]，此外更說明如下。

　　　　ヨーロッパの経験と日本の経験との間に於ける一の顕著
　　　　なる差異は、ヨーロッパにありては騎士道は封建制度か
　　　　ら乳離れしたる時、基督教会の養ふところとなりて新に
　　　　寿命を延ばしたるに反し、日本に於ては之を養育するに
　　　　足る程の大宗教がなかった事である。従つて母制度たる
　　　　封建制の去りたる時、武士道は孤児として遺され、自ら
　　　　赴く処に委せられた。現在の整備せる軍隊組織は之をそ
　　　　の保護の下に置き得るであらう[25]。

　　新渡戶認為，歐洲在封建制度瓦解後，騎士道便移轉依附在
基督教教會體制之下，繼續發揮其影響力，然而，在日本封建體
制瓦解後，日本卻沒有一個能與之對應的宗教組織及體制來成為

23　新渡戶稻造全集編集委員會所編，《新渡戶稻造全集》，v.1《武士
　　道》（東京：教文館，2001），頁29。
24　新渡戶稻造全集編集委員會所編，《新渡戶稻造全集》，v.1《武士
　　道》（東京：教文館，2001），頁130。
25　新渡戶稻造全集編集委員會所編，《新渡戶稻造全集》，v.1《武士
　　道》（東京：教文館，2001），頁133。

武士道的依附，現行的明治體制下，應該勉強僅有軍隊組織制度已建立起來勉強安置武士道吧。在此，我們可窺知新渡戶是以武士道與騎士道對比之方式，認為武士道失去了封建制度依靠，現暫置於軍隊組織下。然而，軍隊畢竟並非是全民參與，因此武士道恐必須要有具普及性的、一種類似宗教、教會之存在做為依靠，它才能如騎士道般透過教會般，繼續發揮作用。關於此，他又說明如下。

> 功利主義及び唯物主義に拮抗するに足る強力なる倫理体系は基督教あるのみであり、之に比すれば、武士道は『煙れる亜麻』の如くであることを告白せざるを得ない。併し救主は之を消すことなく、之を煽いで焔となすと宣言した。救主の先駆者たるヘブルの預言者達、就中イザヤ、エレミヤ、アモス、及びハバクク等と同じく、武士道は特に治者、公人及び国民の道徳的行為に重きを置いた。之に反してキリストの道徳は殆んどら個人、並に個人的にキリストを信ずる者に関するものであるから、個人主義が道徳的要素たる資格に於て勢力を増すに従ひ、実際的適用の範囲を拡大するであらう[26]。

　　現在足以和功利主義和唯物主義對抗之倫理價值體系恐怕只有基督教了，而武士道則呈現如燃燒不完全之亞麻燈芯般，無法

---

[26]　新渡戶稻造全集編集委員會所編，《新渡戶稻造全集》，v.1《武士道》（東京：教文館，2001），頁 137-138。

發揮徹底，但救世主不會讓它消失，要讓它復燃。猶如諸位先知
預言家般，武士道特別重視統治者、公職人員及國民之道德行
為，基督教之道德則專注在個人之基督信仰，兩者相融下，個人
主義可以在道德要素之資格上，擴充其適用範圍。在此可知如
下，首先，新渡戶認為武士道因其本身之道德特性，可以更強化
基督教信仰，讓個人主義得以在道德之規範下，得以適當發展。
其次，這個想法來自於騎士道與武士道兩者對比相當之觀點，因
此認為武士道可比照騎士道依附基督教會之作法，讓武士道也依
附在基督教下，讓個人主義在日本適當發展，得以進步。

以上，新渡戶對武士道之看法可歸納如下。首先，武士道之
是由佛教之生死觀、神道之忠孝服從概念、儒教之道德綱目構
成，此三者為基本要素。其次，武士道是一種職業道德，屬於武
士階層，它相當於歐洲騎士之騎士道。又，歐洲的封建制度消失
後，騎士道依附至基督教會，繼續發展，日本雖有軍隊組織，然
軍隊並非是全民之組織，因此，新渡戶主張武士道亦可比照騎士
道也依附於教會組織下得以延續發展。

在此，從新渡戶的武士道論，我們可清楚的窺知，神儒道三
者分別於武士道基本要素中所扮演之具體角色，此外，他也以社
會體制之觀點，主張武士道可參考比照騎士道，讓它依附在基督
教會下。這樣的認識其實是站在他認為道德是必須要有宗教組織
做依靠的觀點做出發立論，他雖然肯定了傳統的佛、神、儒三者
之作用，但同時也可窺知他不認為佛教、神道、儒教是具有組織
制度影響力的宗教，新渡戶論述之立足點來自於西歐對宗教、道
德之定義，因而他認為就此而言，基督教會正可滿足此條件而成
為武士道未來存續之寄託。

　　新渡戶之武士道主張乃溝通了神、儒、佛、基，並把武士道置於與基督教相對之宗教道德體系的位置，此外，新渡戶此主張其實在某種意義上也顯示出當時的基督教陣營與國家主義之間所進行的折衷妥協[27]。作為基督徒，新渡戶的武士道論述是異於當時其他基督徒的論述，例如植村正久，植村他同樣是從制度精神之層面，將日本之武士道與儒、佛、神道三者之關係，直接類比為歐洲之武士道與基督教之關係，但植村認為封建瓦解後，日本之武士道、儒、佛實際則面臨相繼衰亡之危機，日本武士道亦或許可如法炮製，受洗於基督而存續，由此可看出，在植村的武士道發展論述中，儒教、佛教並無用武之地，剩下的可發揮作用的只有基督教以及植村並無特別批判的神道[28]。

---

[27] 新渡戶的武士道論是溝通了神、儒、佛、基督教，並將武士道放置於與基督教對比之位置，意欲將武士道作為一個與基督教相當之道德體系。但就某個層面來說，這個論述其實可謂為一種基督教對國家主義的折衷妥協，詳參簡曉花，《新渡戶稻造研究──『武士道』とその後》（臺北：南天書局，2006），頁 208-209。

[28] 植村正久曾於 1894 年 3 月 23 日在《福音新報》發表〈基督教と武士道〉，提出自己之武士道論述，詳見簡曉花，〈析論植村正久之基督教與武士道關係〉，《東華人文學報》8（花蓮：國立東華大學人文社會科學學院，2006），頁 149-172。又明治時期，基督徒對武士道論之看法多元，則可參考張崑將，〈明治時期基督徒的武士道論之類型與內涵〉，《臺大文史哲學報》第七十五期（臺北：臺灣大學文學院，2011），頁 181-215。張崑將以海老名、植村、新渡戶、內村為例，說明基督教武士道論擺盪於國家主義、國際主義之間，可分為「進化型」、「感化型」、「養育型」、「接合型」，植村正久為「感化型」，新渡戶稻造為「養育型」。整體而言，以上論述，對武士道論與基督教間關係之釐清，相當有助益，但對於武士道、基督教融合後之個人修養實踐之具體論述尚不可謂清晰，關於此目前可參考者為簡曉花，

　　總之，新渡戶與植村，同是在向國家主義妥協下的基督教陣
營中，同是做出了結合基督教發展復興武士道之論述，但對於武
士道之傳統要素看法，兩者則大相不同，植村去蕪存菁，清楚的
否定了儒、佛，而新渡戶則是採包攝三教，肯定了傳統之佛、
神、儒三教一體，但新渡戶並沒有如上述鐵舟般的採用傳統「三
教枝葉花実論」之思維框架去論述，而只是直接釐清組織了佛、
神、儒三要素各自於武士道之功能，新渡戶用生死觀、忠孝服從
特質、具體德目三者，定義組織了武士道之佛教、神道、儒教之
構成三要素，至於他之所以會認為此三要素之武士道與基督教二
者可以相輔相成，則恐怕是和他將固有的天與基督教的神二者融
合為一有關[29]。

四、明治 35（1902）年
井上哲次郎《巽軒講話集（初編）》

　　井上哲次郎（1855-1944）為日本首位哲學教授，曾任當時
東京帝大文科大學學長（相當於現今東京大學文學院院長），他
致力融合東西洋哲學，並站在國家主義立場強烈批判宗教，與基

　　　《新渡戶稻造『修養』の思想的研究》（臺北：南天書局，2014），頁
　　　71-73，其具體指出新渡戶之融合了基督教與傳統思想之道德修養實
　　　踐，乃是將傳統之「克己」重新理解掌握為一種經由「默思」來完成
　　　「真己」・「心我」・「人身之神性」之實踐。

[29]　新渡戶稻造《修養》中，清楚可見天神一致之看法，詳見簡曉花，《新
　　　渡戶稻造『修養』の思想的研究》（臺北：南天書局，2014），頁 40-
　　　45。

督陣營進行激辯公開論戰，為明治國家意識型態之道德主義進行
言論護航。井上哲次郎曾於陸軍學校針對武士道進行演講，之後
其內容則由兵事雜誌社彙編成《武士道》一書並於明治 34
（1901）年出版問世，此外，他也曾在其他雜誌陸續發表過他對
武士道的看法主張，在此我們則是以收錄了《武士道》演講內容
在內的《巽軒講話集（初編）》為材料來進行探討[30]。

　　井上認為無論是佛教也好，基督教也好，這些所有的荒誕無
稽的宗教完全都不需要[31]，日本在過去兩千五百年間或許還需要
它們，但其階段性使命已完成，取而代之的是儒教，井上認為現

---

[30] 有關井上哲次郎研究，大致上可分成井上的儒學、宗教與教育論戰、國
民道德、《巽軒日記》等 4 類研究。井上的儒學相關研究近期可參考瓜
谷直樹，〈井上哲次郎の儒學研究の再檢討：陽明學を中心に〉，《教
育文化》20（京都：同志社大學社會學部教育文化學研究室，2011），
頁 107-81，宗教與教育論戰則可參考繁田真爾，〈一九〇〇年前後日本
における國民道德論のイデオロギー構造（下）井上哲次郎と二つの
「教育と宗教」論爭にみる〉，《早稻田大學大學院文學研究科紀要
第 3 分冊》54（東京：早稻田大學大學院文學研究科，2008），頁 173-
184。而國民道德研究則可參考江島顯一，〈明治期における井上哲次
郎の「國民道德論」の形成過程に關する一考察──『勅語衍義』を中
心として〉，《慶應義塾大學大學院社會學研究科紀要》67（東京：慶
應義塾大學大學院社會學研究科，2009），頁 15-29。村上 こずえ，
〈井上哲次郎『巽軒日記：明治四三年』〉，《東京大學史紀要》33
（東京：東京大學文書館，2015），頁 61-114。則是以《巽軒日記》為
對象所進行的研究，然而，井上的武士道論說與明治武士道之關係則罕
見論述。

[31] 井上哲次郎，《巽軒講話集（初編）》（東京：博文館，1902），頁
370。

在國家所需要的就是德教[32]。此外，井上也主張今日的國家教育方針並不需要任何宗教，實行道德教育便已足夠，道德其實逐漸已取代宗教的地位，這在德川時代既已獲得證明，井上指出德川時代以前佛教勢力極為龐大，但即便如此，原為僧侶的藤原惺窩、谷時中、山崎闇齋，也毅然捨棄佛教改為鼓吹儒教，而德川三百年之教育主義因此成立[33]。於此，我們可看出井上否定佛教而肯定儒教之看法。

　　井上對佛教更進一步的批判如下。

　　　　以前の如き荒誕無稽の佛教に依らずして着實なる世間主
　　　　義に依る と[34]になりました、德川三百年の教育主義と云
　　　　ふものは世間的道德主義が出世間的道德主義に打勝つ
　　　　て優勢を占めて來たる事實を現はして居ります、今後
　　　　と雖も同樣である教育社會の執るべき道德主義は宗教以
　　　　外のものであつて世間的の性質を有して居るものでなけ
　　　　ればならぬ、無數の迷信の附隨して居る所の宗教に依る
　　　　べきでない。…（中略）…。今後の道德は先刻から言ひ
　　　　ました樣に東西洋の智的情的の道德を打つて一丸と為し
　　　　て武士道に依つて之を實行するものでなければならぬと

---

[32]　井上哲次郎，《巽軒講話集（初編）》（東京：博文館，1902），頁
　　　371。

[33]　井上哲次郎，《巽軒講話集（初編）》（東京：博文館，1902），頁
　　　34。

[34]　合略仮名之影像，讀為「こと」。下略同。

思ふ[35]。

　　井上認為德川的教育主義是一種不依附在荒誕無稽的佛教而走入了世間的道德主義，而今後的道德主義也一樣是要脫離走出宗教迷信，並融入東西洋的「智的情的」道德，然後依據武士道去實踐。井上於前述主張德川教育之成功乃是因為採儒斥佛，在此，更可窺知井上之此主張在此則更加強化，他直接批判佛教為荒誕無稽，而主張的是一種與宗教無關的道德主義，並且還主張將武士道視為是一種實踐動力。那麼，井上認為武士道究竟為何？

　　井上說武士道為日本人本來之精神，在鎌倉時期受到儒、禪之影響，逐漸發達，至德川時代發展成道德主義，其精神優美，無須丟棄[36]。換句話說，井上雖也承認武士道與佛禪關係緊密，但他更認為德川之武士道是以儒教為重心，且已擺脫佛教之影響。關於武士道之性質，井上更說明如下。

　　　　武士道といふものは別に哲學など〻[37]いふやうな仰々しく議論する方で無くして全く實行の主義であります。…

---

[35]　井上哲次郎，《巽軒講話集（初編）》（東京：博文館，1902），頁34-35。

[36]　井上哲次郎，《巽軒講話集（初編）》（東京：博文館，1902），頁76。

[37]　「〻」所謂「踊り字」，一般的原則是當平仮名 2 文字重疊時，例如「ヽ・ゞ」的片仮名 2 文字重疊則會以「ヽ・ゞ」表記。不過，在此著作時，平仮名 2 文字重疊時，「ヽ・ゞ」片仮名 2 文字重疊會使用較小的「ヽ・ゞ」表記。

（中略）…。理論は西洋の倫理學の如きものを採つて其
不足を補はぬければならぬけれ共、總て學び得た所の道
德を實行しやうといふ其實行の精神は武士道の精神とい
ふやふなものに依らぬければ到底其功を奏することが難
いのであります、夫で如何程深遠なる道德上の理論を學
んでも詰り運用は我に在るです、其運用の精神は此武士
道の精神に優つて居るものは無いです[38]。

武士道是一種實踐主義，並非哲學，其在理論上，可採西洋
倫理學來補其不足，在道德實踐上，則必須仰賴武士道所優秀擅
長的實踐精神。在此，井上是把武士道與哲學切開看，並視武士
道為一種實踐精神。此外，井上關於此武士道精神又說明如下。

武士道の精神を能く考へて見ると云ふと決して利己主義
では無い、決して功利主義では無い、是には丁度先刻申
したカントヘーゲル諸氏の哲學より講じ來つた倫理學を
接續することが出來る。…（中略）…。其實行の精神、
其決心を促すの力、夫は又ナカ／＼單に理論的研究に依
つて得らるべきやうなものでは無いだから之に接續する
に西洋の哲學に基いたる道德主義を以てしましたならば
哲學と武士道といふ者が茲に合一して日本の德育の中心
となるものが出來るに相違ないと私は信じて居ります、

---

[38]　井上哲次郎，《巽軒講話集（初編）》（東京：博文館，1902），頁
328-329。

> 勿論武士道といふものを昔の通りに今後やらぬければな
> らぬ杯といふことは決して無い、昔の武士道の弊もナカ
> ╱＼ある、夫れは勿論大に變へぬければならぬ[39]。

武士道並非利己主義或功利主義，它可以連接康德、黑格爾觀念論的倫理哲學，武士道的實踐精神之決心動力，若能與以西洋哲學為基礎之道德主義接續連繫，讓哲學與武士道合而為一，則可成為日本德育之中心，而武士道不需要將往昔之做法全部照樣沿襲，但卻必須改變其弊端。在此，井上具體主張武士道，應該是要以其實踐精神銜接到觀念論哲學的道德主義，成為日本道德教育之中心，武士道必須加以改變。

那麼，武士道是既有之傳統，所謂需要改變的是所指為何？井上主張如下。

> 固より昔の武士道を其儘今日に回復する杯といふことは
> 得策で無いことは分つたことである、昔の武士道は或點
> から云へば隨分野蠻とも云はぬければならない點がある
> です、即ち復讐であるとか切腹であるとか、ア、云ふ
> やうなことはもう今日では誰も獎勵するやうなことで無
> い、併ながらさう云ふ形を退けて其精神といふものは採
> つて來られないことは無い、我邦の兵士が日清戰爭に又
> 聯合軍に於て大に武功を顯したといふことも決して偶然

---

[39] 井上哲次郎，《巽軒講話集（初編）》（東京：博文館，1902），頁
76-77。

では無い、武士道の精神が今に至つて彼等の頭腦中に存續しているに相違ない、武士道の形骸は封建制度の廢せらる、と共に無くなつたものでありますけれ共、武士道の精神は其時に忽ち消え失せたといふ譯は無くして矢張り日本國民の精神として存續して居るに相違ない[40]。

　　昔日武士道就某點來說是野蠻的，例如報仇、切腹等，這些今日都不需要鼓勵，不過除掉這些形式，其精神可取，日本士兵在甲午戰爭中立下戰功，就是因為武士道精神還在他們的腦裡存續發揮作用。武士道之形骸的封建制度雖已廢止，但其精神不會忽然消失，它依然作為日本國民精神而繼續存在。在此，可看出，井上認為武士道之需要改革部分是它的制度，但這些制度的實踐精神其本身應該還是要受到肯定，加以保留成為國民精神，而這也正是日本取得戰勝的原因。

　　歸納以上的觀察，我們可得知井上之武士道之主張如下。首先，井上認為武士道受儒、佛影響很深，但他卻排斥宗教介入教育，基督教、佛教是井上批判的對象，但相對的，儒教則是受井上肯定，因為就井上來看，儒教它不是宗教，是一種道德主義。其次，武士道本身是一種實踐精神，它在德川時期，曾與儒教之道德主義結合，去支撐實踐封建制度，但封建制度已經結束，未來它可以和德國的道德主義結合繼續發揮作用，井上之所以會如此認為，是因為井上認為儒教的道德主義與正好與德國之倫理學

---

[40]　井上哲次郎，《巽軒講話集（初編）》（東京：博文館，1902），頁329。

可以相融。再者，井上本身也是國家主義、〈教育敕語〉之擁護
者，在此意識型態裡，〈教育敕語〉則是內含儒教、神道概念，
井上自然也恐怕認為儒教不是宗教而是道德主義，並且對儒教抱
持肯定，此外，我們看不出井上對神道有所批判。

　　總之，井上所提出之武士道雖來自於傳統，但他所肯定的是
一種與宗教無關的道德主義，因此他批判佛教，也更反對基督教
的混入，他只肯定儒教，而那是來自於他個人對儒教的定義。然
而，實際上在江戶時代的武士思想中，儒教主義在信仰上與佛教
兩者為互補，而這個事實顯然是被井上所避開忽視。井上所認為
的武士道精神是一種純粹實踐的行動精神，是道德主義實踐之行
動力依據，無關乎宗教。要言之，井上所主張的武士道是一種與
佛教、基督教切割，結合神道、儒教、西方道德之純道德主義，
它進而也是一種可強化國家主義的道德教育。

五、結語

　　明治 30-40 年代（1897-1912）是西方科學顯學當道，國家主
義逐漸加溫之時期，也是王政復古後思想界興起修養書風潮以及
出現回歸傳統動向之時期，此際，日本歷經了甲午、日俄兩場勝
戰後，國家聲望及國民自信亦隨之提升，諸般因緣交會驅使著人
們向傳統尋找自我內在形塑之根據，於是武士道諸論百花齊放，
喧騰鼎沸。對此現象，本研究有別於歷來側重背景課題的研究，
而改以側重在回歸省思傳統之內省課題面向上，針對思想家對武
士道之基本要素所進行之省思，以山岡鐵舟、新渡戶稻造、井上
哲次郎三者為例，深入探討其各自所主張之武士道，並分析其各

自對武士道傳統要素的神、佛、儒三者所進行的反省批判，以勾
勒出武士道之傳統概念再現時，神、佛、儒三個傳統要素所扮演
呈現的角色樣貌。

首先，承襲武士傳統並以武士自居之山岡鐵舟，我們從其
《武士道》可清楚看出，鐵舟是以汲取佛禪之立場，對於當時科
學至上、神佛分離、佛教批判等，主張一種「神儒佛三道一貫の
大道」的武士道，他認為武士道之傳統要素就是神儒佛，而且儒
佛與國家主義所重視的神道本為一體，鐵舟的思維框架應來自傳
統神佛習合的「三教枝葉花実論」。

其次，關於武士家庭出身、西化受洗之新渡戶，我們從其
《武士道》所提出之武士道主張可窺知，新渡戶是溝通了神、
儒、佛、基，將傳統武士道拉抬為與基督教相對峙的宗教道德體
系，更清楚的將神、儒、佛在武士道之作用分別定義為忠孝服從
精神、生死觀、道德綱目，同時也藉由武士道與騎士道兩者對比
之方式，主張武士道應依附於基督教方得以存續發揮，其理由是
新渡戶認為武士道是需要依附在具一個有普及性的體制組織下才
可維持存在。再者，新渡戶也認為武士道乃是一種兼具個人與團
體之道德，它可有助緩和基督教裡之個人信仰傾向，以防止個人
主義之氾濫。簡而言之，新渡戶是將武士道與騎士道類比，將基
督教與武士道傳統思維對接融合，且直接定義組織了佛、神、儒
三要素之於武士道的功能，但他卻將武士道之未來發展直接託付
寄望於基督教。

而與此相對的，井上則於《巽軒講話集（初編）》主張武士
道是一種實踐之精神，無關宗教。井上排斥佛教、基督教及所有
宗教，一律認為是迷信，同時他認為〈教育敕語〉、儒教則無關

宗教，對神道無批判但對儒教給予了高度肯定，並認為儒教是一種可以和德國觀念論結合的道德主義、是可以用武士道之實踐精神加以實行，井上所主張之武士道是一種主張結合神道、儒教、西方道德之純道德主義，它可以強化國家主義。

綜觀此三者之論述，山岡鐵舟主張武士道之要素就是神儒佛，應加以維持，以此遏止西化科學歪風、駁斥佛教、宗教批判之說法；新渡戶則清楚具體定義了神儒佛三者之作用，更主張要以基督教來維持其存續；而井上則是否定了武士道含佛教之要素，肯定強調了儒教之道德主義，認為武士道是一種實踐精神，總之，井上堅持去除佛教、基督教之混入，他是要以武士道之實踐精神來實踐儒教、觀念論所調和之道德主義。

以上可看出此三者之武士道論在其形成過程中，固然有其西化及國家主義精神課題之側面，但其實並非僅止於此，更重要的是他們同時也都在針對武士道傳統思想神道、儒教、佛教進行大量深刻之省思。在明治 30-40（1897-1912）年代，國家主義、西化科學、傳統回歸等諸多浪潮中，武士道的論述自亦呈現出其多元面向之思想營為，而本研究之思想家們對於武士道傳統思想的神道、儒教、佛教的省思也正是其具體展現之最佳例證，至於此時期之武士道論述，除了本論三人物外，亦尚有其他人物值得探討注意，唯篇幅有限，待日後別稿另論之。

第四章　明治期武士道爭議：
武德武士道 vs. 人格武士道

　　承前所述，王政復古，明治維新後，在政治、社會、經濟、軍事等制度面上，日本大舉向歐美看齊而擘劃建構新的國家體制，而在另一方面，對於新時代裡的國民新道德的探求則逐漸成為思想界之議題，特別是在歷經甲午、日俄二次戰勝後的明治30-40（1897-1912）年代，修養書風潮及武士道論述如雨後春筍般的大量湧現[1]，此際，作為國家意識型態的立體側面的忠孝武

---

[1]　在明治 30-40（1897-1912）年代，大量的修養書於日本社會出版問世，關於此修養書風潮有不少研究，例如筒井清忠，《日本型「教養」の運命―歷史社会学的考察―》（東京：岩波書店，1995）岩波現代文庫所收（2009）、瀨川大，〈「修養」研究の現在〉，《研究室紀要》31（東京：東京大學大學院教育學研究科教育學研究室，2005），頁 47-53、王成，〈近代日本における〈修養〉概念の成立〉，《日本研究 国際日本文化研究センター紀要》29（東京：岩波書店，2004），頁117-145 等，其逐一介紹可詳參簡曉花，《新渡戶稻造研究――《修養》の思想》（臺北：南天書局，2014），頁 75-90。又大約同時期日本社會對武士道之關心亦升高，眾多武士道論陸續出版問世，關於此時期之武士道及諸多武士道論述請詳參本書第二章、第三章。

士道亦逐漸擴散滲透[2]，甚或延續至二戰期間成為政治宣傳工具，以此振奮鼓舞帝國子民走上戰場效忠皇國。那麼，明治武士道究竟是如何的由明治新時代的道德轉折蛻變成為軍國主義的精神？實值長考深思。而另一方面，世界知名基督徒的新渡戶稻造的英文著作《武士道》引發了世界及日本對武士道的高度關注，而且如後文所述，同時期的其他基督徒也參與了武士道議題討論，然而，同時在另一方面，當時的基督徒實際上卻是身處於和明治國家意識形態的矛盾緊張中，那麼，基督徒與明治國家意識型態二者間的矛盾衝突，究竟是如何的反映在其武士道論述中？亦成為我們研究明治武士道時所不能忽略看漏的問題。

一、前言

　　歷來之明治武士道研究，雖已有研究觸及明治武士道之內容，但大多是注意到幾位代表性人物之著述，而對於當時社會輿論之變化比較少給予關注，且絕大多數是自武士道與國家主義之融合以及與國民道德、西化間之關係進行論述，而對於武士道議

---

[2]　明治武士道之道德體系是以忠孝為頂點，此已為明治武士道研究所重視之議題。例如 Alexander Bennett，《武士の精神とその步み—武士道の社会思想史的考察—》（京都：思文閣出版，2009），頁 229-231 就指出武士道是藉由〈軍人敕諭〉與〈教育敕語〉為軍人及臣民之道德，又例如簡曉花，〈《坂の上の雲》之武士精神—與明治期武士道之比較—〉，《思與言》54 卷 1 期（臺北：思與言雜誌社，2016），頁 59-89亦有直接指出明治武士道之核心即是忠孝，詳參本書第二章之討論。

題自身之轉折蛻變則大多不論及[3]。

　　本研究針對此問題，首先，本研究嘗試以此時期輿論界之重
要論戰「佐藤對浮田論」為線索，對此論戰進行研究分析論述，
以找出此論戰關鍵所牽涉到的武士道主張之事實及其內容，其
次，再聚焦於此輿論中，飽受批判的關鍵人物所在的基督徒學者
浮田和民，針對其於同一時期之武士道相關論述再深入探討，以
此釐清浮田所主張的武士道內容，最後，再綜合歸納前二章節之
分析觀察，嘗試指陳論述此時期武士道主張的轉折現象。

二、《現代大家武士道叢論》之佐藤 vs. 浮田論戰

　　今日我們若要討論明治人的武士道言論，則萬不可忽略跳過
《現代大家武士道叢論》此一武士道論述文集[4]，此書乃蒐羅了
明治當代菁英們的武士道相關言論所集結而成，特別是其中收錄
了一場具有連續性的著名論戰，而明治許多當代菁英即參與其
中，其論戰之主要內容則是圍繞著陸軍少將佐藤正與早稻田大學

---

[3]　例如菅野覺明，《武士道の逆襲》（東京：講談社，2004），頁 260-
281 就以井上哲次郎與新渡戶稻造為對象，將明治的武士道論理解成明
治的國民道德及民族精神。又，前揭注 2 Alexander Bennett 的研究的頁
229-231 亦是以西周、井上哲次郎、新渡戶稻造為對象，特別指出武士
道論與國家主義的融合。此外，本章雖亦涉及明治武士道之內容議題，
但比較側重的是明治期武士道論戰所見的武士道論的轉折變化。

[4]　目前的《現代大家武士道叢論》研究不可謂多，管窺所見，以此為議題
之研究幾乎為零。由於該文獻並非在臺灣可容易查詢，故為方便讀者之
參考方便，以下註解則盡量以原文引用之方式羅列以供檢閱參考。

教授浮田和民兩者之對立觀點而展開。佐藤與浮田兩人之對立點主要是針對明治 37（1904）年 6 月 15 日所發生的「常陸丸事件」而有的，為了方便讀者理解此論戰之背景，以下我們先對「常陸丸事件」進行簡述。

　　日俄戰爭開打後，日軍接連告捷戰勝，於是俄國海參崴的巡洋艦隊便開始進行運輸船破壞戰，企圖以此截斷日本的後方支援補給線，進而癱瘓作戰前線，俄國海軍於明治37（1904）年6月15 日一天之內先後攔截攻擊了日本的「常陸丸」、「和泉丸」、「佐渡丸」等三艘運輸船，死傷壯烈，堪稱是日俄戰爭開戰以來死傷最為慘重者，其中又以「常陸丸」的情況最為激烈，「常陸丸」船上最後是千名以上的海陸軍將官與士兵戰死其中，當時擔任指揮官的須知源次郎最後是選擇切腹自決，而不少士官也跟著舉槍自盡或跳海自殺，他們的英勇犧牲表現傳到後方，被當時的輿論大大讚揚，甚至有不少戲曲及小學校的唱歌也皆是以此為題材進行演出，紛紛頌揚傳唱其精神，推崇高捧為武士道的典範。而相較於「常陸丸」之勇敢自決，「和泉丸」、「佐渡丸」則相對失色，根據後來戰情統計顯示，這兩艘船到最後是各自有幾十名士兵遭俄國收押成為戰俘，換言之，同是敗者，與「常陸丸」官兵自盡的可歌可泣相形之下，「和泉丸」、「佐渡丸」的官兵的投降姿態則顯得相當不光彩，成輿論焦點話題。換言之，軍人究竟應該是為了名譽而戰？還是為義務而戰？還有，在最後當大勢已去之關鍵時刻，軍人到底是應該要選擇自決赴死？抑或者是應該要選擇投降成為敵軍之戰俘？當時的明治菁英為此在論壇上展開了一連串的文攻筆戰。

　　最初點燃此爭議者的是在明治 37 年（1904）年 9 月 18 日東

京市教育會的第一回講談會中，早稻田大學的浮田和民教授以「日俄戰爭と教育」為講題，發表演說，當時浮田即隱約的主張：在關鍵時刻，自決赴死不一定是軍人的義務。此言論一出，迅速引爆輿論，並立即遭受到陸軍少將佐藤正的嚴厲批判，也因此輿論界展開一連串論戰。

此論戰在名目上是軍人之本質究竟該為何而戰？而其實質上的內容則是牽涉到輿論菁英各自對武士道精神的看法。佐藤正是廣島藩士家庭出身，他非常堅持所謂傳統武士的大和魂，而浮田和民雖是熊本藩士家庭出身卻是深受傳教士影響而成長的基督徒，同時他也是熟悉西洋倫理政治之法學博士。在這兩人的對立矛盾中，東京帝國大學教授井上哲次郎、東京帝國大學校長加藤弘之等人也陸續加入論戰，當時這一連串論戰文章，原本散見於各雜誌、新聞，後來被集結收錄於明治 38（1905）年出版的《現代大家武士道叢論》的一書中。

《現代大家武士道叢論》這本書之內容正如其書名所示，其不折不扣就是一本武士道論述集，而正因為此書之特殊性質，因此，今日我們在掌握明治武士道之變化時，自不可忽略跳過，而其中的陸軍少將佐藤正與早稻田大學教授浮田和民兩人所發表的一連串的對立論戰，當然也變成我們必須先觀察分析的對象。關於此，我們先分別針對書中所出現的編列順序分析如下。

1. 陸軍少將佐藤正的批判

首先，我們先觀察陸軍少將佐藤正（1849-1920）之批判。佐藤正為藩士家庭出身，曾在甲午戰爭中親自上陣，更在平壤攻略一戰受重傷，最後因此而切斷左腳，堪稱為國家犧牲貢獻的盡

忠軍人，他對浮田和民進行批判如下。

> 浮田氏は曰く名譽の爲めに戰ふな義務の爲めに戰へ、と我輩は言はんとす 名譽の爲めに戰へ義務の爲めに戰ふなと、成る程軍人の戰場に屍を曝らすは國家に對する義務に相違ない、然も軍人の戰場に敵と相馳騁するに及んで念頭常に斯の如き義務の觀念を存在せしむる事を得るか戰爭は半ば冷靜なるを要すると同時に半ば狂熱を要する、冷かに考ふれば軍人は義務の爲めに戰ふの念なきを得ざるは勿論であるが、千軍萬馬の間に敵陣を睥睨するに當つて軍人の念頭亦義務の觀念を存するや否や、苟も大和男子の熱血を有するものならば、此時に當つて意氣天を衝き、あはれ此大敵を踏破つて祖國の譽れを全うし、一死以て祖先の名に殉せん哉の慨ある外念頭又何物をも容れぬのである、義務であるか權利であるか、陣頭の軍人は腦裡腐儒の閑問題を容れるゝの餘地がない[5]。

　　首先，佐藤說浮田氏主張軍人不要為名譽而戰而要為義務而戰，我則是持相反的看法，我認為軍人要為名譽而戰而不是為義務而戰。軍人最後戰死固然無異就是對國家盡了該盡的義務，然而，當軍人在戰場上與敵軍對峙作戰緊張之際，腦裡哪還有餘裕去浮現義務觀念之念頭？戰爭是處於對峙冷靜與廝殺狂熱各自參

---

[5]　秋山梧庵編，《現代大家武士道叢論》（東京：博文館，1905），頁230-231。

半之狀態，當對峙冷靜時，軍人還需要想著戰略分析，因此勢必
已無法有所謂義務之念頭，而當廝殺狂熱時，則更只會是一心想
著要捍衛祖國名譽，因此也更不可能有餘裕去想著盡義務的概
念，不管是對峙冷靜或廝殺狂熱，其實都是無法有餘裕閒暇去思
考所謂義務這種觀念。

　　佐藤正的看法其實是以實際軍人在戰場與敵軍做戰時，認為
軍人於開戰前之緊張對峙以及殺陣時的熱血奔騰時，人們均無法
有餘裕去思考區分什麼叫做義務的觀念，在關鍵時刻軍人只有全
力以赴捍衛國家名譽的念頭，佐藤正還批評這類用義務思考的想
法其實是「腦裡腐儒」的問題，紙上談兵。

　　再者，佐藤正也針對戰爭與義務說明如下。

> 若し戰爭が單なる義務の仕事となれば、戰爭を爲る人間
> は嫌々ながら戰ふといふ考へが主となつて來る、義務だ
> から出征もする鐵砲も擊つ、進めといへば進む、死ねと
> 云へば死ぬ、義務だから脫れぬ所と觀念して死ぬ、とい
> つたやうな考へを持つた兵隊ばかりで抑も如何なる戰爭
> が出來るだらうか奈何に軍事に疎い學者でも大概想像が
> つくであらう[6]。

　　假如把戰爭單單定義為是義務工作，那就是意味著說，作戰
的人多是很不情願的去作戰，他們只因為基於是義務只好開槍，

6　秋山梧庵編，《現代大家武士道叢論》（東京：博文館，1905），頁
　　231。

只因為是命令只好前進或自決，凡事都只是因為一個無法擺脫的義務的觀念，然而，就實際的實務操作層面來看，這樣的軍隊士兵是要能如何作戰？這些也只是學者的紙上空談。在此可窺知，佐藤正主張軍人作戰並非單純是指軍人的義務工作，他恐應認為一旦淪於只是個義務工作，那軍人就會欠缺自發性，也會缺乏勇猛動力與熱情。

　　總之，佐藤正以軍人的現場經驗及第一線觀察做出發，認為軍人衝鋒陷陣，不是單單僅靠一個義務工作的理性觀念就可遂行，倒過來說，在重要時刻，反而是捍衛名譽的感性熱情在決定行動，他認為浮田氏主張的為義務理性觀念而戰，其實就只是學者空論罷了。

2. 東京帝國大學井上哲次郎教授的批判

　　這場論戰中，東京帝國大學教授井上哲次郎（1855-1944）也曾兩次提出了其見解，值得注意。井上哲次郎是將德國觀念論哲學引進日本的近代學者，也是〈教育勅語〉的擁護學者，井上最先是在「東京市教育會第二回講談會」中，以「浮田佐藤兩氏の論爭に就て」為題，發表演說，表示意見，其內容後來被收錄於《日本》雜誌、又被收錄於《現代大家武士道叢論》。以下，我們針對井上的這篇演說的主要內容，進行分析如下。

> 浮田氏が名譽の爲めに戰死するはいけない義務譽の爲めに戰死すべきであると言て、名譽と義務と正反對に立つが如くに言ひしは少しく言葉が足らぬ、名譽對に對する冷酷なる判斷を以てしたものと謂はねばならぬ、義務と

いふ言葉は今日法律上に多く用ひられ、倫理學上では本
務と言て居る、本務とは人を束縛することでない、軍人
の戰死するは軍人の本務として戰死するのである。佐藤
少將は名譽の爲めに戰死すると言つたが、名譽は本務を
盡くすに依て生ずる、本務の爲めに戰死すれば又名譽の
戰死となる、軍人の名譽の爲めに戰死するは即ち本務の
爲めに戰死するのであるが故に之を非とするは餘りに簡
單過ぎる[7]。

　　對於浮田主張要軍人為義務而戰而不可為名譽而戰，井上則
批判浮田的這種主張其實是把義務跟名譽兩者放在完全對立的位
置，說明敘述稍嫌不足。井上認為義務是法律用語，在倫理學上
應說是「本務」、本分，軍人的戰死是為了完成分內工作而戰
死，而佐藤則主張是為名譽戰死。對此，井上則認為其實名譽也
是因為完成分內工作而產生的，這種為了盡本分而戰死的情形又
名光榮戰死。換言之，井上認為軍人的為名譽而戰死其實就是為
了盡本分而戰死，以此，井上批判浮田輕易反對為名譽而死的論
調，其思考邏輯未免過於草率簡單。

　　在此，井上清楚指出浮田應該是在用詞上出現了不當的錯
誤，因此，井上主張應該要以倫理學之用語「本務」、本分，也
就是應該要用「當為」的概念來處理，如此一來，「本務」、本
分的「當為」跟名譽兩者並不衝突，名譽從「本務」、本分的

7　秋山梧庵編，《現代大家武士道叢論》（東京：博文館，1905），頁
　　236。

「當為」自然衍生而有，兩者並不對立。

其次，井上對投降成戰俘之情形主張如下。

> 金洲丸、常陸丸のことの如きは壯烈の最後にして卑怯、臆病といふべきものでない、あの場合に於て降參して捕虜となるのは容易きことであるに拘はらず、併し決して降參することをせぬは卑怯でもなければ臆病でもない、即ち日本人の真精神が現れたのである、日本の特色である。…（中略）…。是に依て壯烈なる此精神を生存する日本人に傳へる。さうして生存する日本人は又之を子孫後世に傳へることになる、自殺するけれども降參はしない、此強き決心ある故に如何なる場合に於ても他國から決して制服することは出來ぬ[8]。

井上說在「金洲丸」、「常陸丸」出現有士兵在最後選擇自決之慘烈情形，但我們不可以認定他們那樣做一定是因為出自膽小害怕戰敗會成為俘虜，在某種情形下，其實直接投降成為戰俘反而是最簡單容易的，因此，選擇最後不投降自決的人，他們絕對不是卑怯膽小之人，他們所展現的才正是日本人的真正精神、是日本的特色。他們將最後壯烈犧牲之精神展示給活著的人，再讓他們流傳其精神至後代，這種是寧可自殺犧牲也不屈服投降的精神，如此強悍之決心是世上其他國家所無法制服的。

---

[8]　秋山梧庵編，《現代大家武士道叢論》（東京：博文館，1905），頁237-238。

　　在此，井上指出寧死不屈之人並非意味著他是害怕面對戰敗成為戰俘，寧死不屈正是日本人的精神、日本的特色，這種寧死不屈的精神可以承傳至下個世代，也是無法被任何國家所征服。

　　以上，井上主張以倫理學「本分」取代了浮田「義務」用詞，以此，軍人因盡本分戰死而成就了名譽，換言之，戰死同時是成就了「本分」與「名譽」，兩者並不衝突，是前後衍生之概念，而在關鍵時刻自決犧牲的人更是日本精神的展現，日本世世代代都承傳了這種不被征服的寧死不屈精神，這就是日本人的特色。總之。井上的說法是讓浮田的義務說成就了佐藤的名譽說，換言之，井上認為「義務」衍生「名譽」，義務說也成就了大和魂寧死不屈的日本精神。

3. 早稻田大學浮田和民教授的答辯

　　一方面，挑起戰火的早稻田大學教授浮田和民（1859-1946），他其實在學界大有來頭，他曾提倡「内に立憲主義、外に帝国主義」之自由、民主主義之主張，影響無數，可謂近代日本大正民主主義的先驅學者，當時浮田和民受到點名批判之後，即回應如下。

　　　　余は大和魂の中心的生命は忠君愛國にあると又其の側面
　　　　的精神は開國進取の氣象にして此の二者は日本の世界列
　　　　國に冠たる所、而して是れ即ち我が國民の今日ある所以
　　　　なることを述べたり、井上博士が此の點に於て一言の是
　　　　非なかりしは先づ之に就て非難すべき所なかりしものと

　　　　見て差支なかるべし[9]。

　　首先，浮田說他自己對於井上之批判，有同意之處。那就是
「大和魂」之中心生命為「忠君愛國」，此精神形成了明治開國
進取之氣象，讓日本列居於世界強國，也形成了今日的日本國
民。在此，浮田首先表明自己與井上均認同「忠君愛國」，也一
致認為此即是「大和魂」。換言之，浮田自己所謂軍人為義務而
戰的說法絕對不是意味著他主張要軍人不要去「忠君愛國」。

　　接著，浮田又解釋如下。

　　　　此の段に於て井上博士と余の間、異論の存する所は單に
　　　　戰場の自殺と云ふ點に在り、元來哲學上より言へば自殺
　　　　は是なる乎、非なる乎、決定すべからざる問題なるべ
　　　　し、實際は井上博士の言へるが如く其の自殺の事情如何
　　　　によりて或は是とせられ或は非とせらゝものならん、
　　　　唯だ或る社會に於ては或る種の自殺を稱贊し他の社會に
　　　　於ては一般に之を非とするの傾向あるは事實なり、余は
　　　　西洋諸國の人情は其の理非曲直は兎も角も之を一般に非
　　　　認するの傾向あり、而して文明國の輿論は徃徃傾聽すべ
　　　　き價値ありと述べたりき、余は戰場の自殺に就ても一概
　　　　に之を是とし若くは之を非とするは何れも中正の議論に
　　　　非ざることを知れり、然れども余は今日の場合若くは今

───────────────

[9]　秋山梧庵編，《現代大家武士道叢論》（東京：博文館，1905），頁
　　242-243。

日以後の場合戰場に於て自殺し若くは割腹するの必要あ
るかを疑へり、余は金州丸常陸丸、佐渡丸等に於ける我
が軍人の最後に向つて最も同情と畏敬とを表するものな
り、此の事件たるや元來天變地災に非ず、余は唯だ當局
者が人事を盡くす能はざりし結果是の如き多數の勇將猛
卒をして此の無殘の極に到らしめたる𠀋[10]を慨嘆したり
き、然れども余は如何なる場合に於ても今日の自殺割腹
の必要ありと云ふ論に同意する能はざるなり、井上博士
は余が此の如き場合に於て日本の軍隊が敵に降參して捕
虜となることを主張したる如くに非難せられたれども自
殺割腹の必要なしと云ふ前提と敵に降參せよ捕虜となる
も不可なしと云ふ結論との間に頗ぶる懸隔ある𠀋知ら
ざるべからず[11]。

　　浮田說自己跟井上之最大的差異是：對於在戰場上自殺的看
法。井上認為原本就哲學上來看，自殺是一個無法論斷是非的課
題，只是，自殺會因為各國社會輿情的不同而有不同的是非論
斷，浮田說自己只是提出西方社會之看法，也認為西方的看法自
有其參考價值，因而才會連帶質疑今後究竟日本人在戰場上是否
繼續要有自殺犧牲之必要性？在「金州丸」、「常陸丸」、「佐
渡丸」事件中，自殺的士兵固然令人敬畏同情，但當一切既然皆
已盡人事了，結果最後他們還是選擇悲慘的自決，實在是令人感

---

[10]　合略仮名の画像で、「こと」と読む。下略同。
[11]　秋山梧庵編，《現代大家武士道叢論》（東京：博文館，1905），頁
　　243-244。

慨，浮田表示自己實在無法同意有自殺切腹的必要。浮田說井上
在批判自己主張投降成戰俘時，這主張其實是有個大前提，就是
浮田自己其實是主張：在沒必要自殺切腹之前提下去投降，而在
這點是浮田認為自己與井上之批判之間的最大差距。

在此，可窺知如下。第一，浮田表明自己是贊同「忠君愛
國」的「大和魂」，並自認為這是自己與井上的共識。第二，浮
田是基於人沒必要自殺切腹的前提下而主張在盡人事之最後可以
投降成為戰俘，而這個主張是來自西方社會對自殺之看法。第
三，井上之所以批評浮田是因為浮田在根本之觀念上是認為在戰
敗那一刻根本沒有必要自殺切腹。

總之，浮田從根本上就反對自殺，而其反對之看法應該就是
正如他自己所說的，那是來自西方社會之價值觀[12]，而此觀念則
無疑的應該是與浮田的青少年時期在熊本洋學校受洗信奉基督
教，後來又在基督教學校同志社受教育、甚至留美耶魯大學的背
景有關，而對於當時明治社會所頌揚的精神，所謂的「忠君愛
國」的「大和魂」，浮田則是認同的而並非挑戰的，在此也窺知
浮田的思想言論仍是在明治的「忠君愛國」的框架原則下展開而
有。

4. 陸軍少將佐藤正的再批判

前述之井上之論說及浮田之辯解論說一出，陸軍少將佐藤正
便隨即再批判如下。

---

[12] 就浮田而言，在此所謂西洋社會的價值觀恐應是指以《聖經》及基督教
教義為中心的價值觀。

　　浮田氏の義務説と我輩の名譽説とは決して同じでない抑
　　も浮田氏は義務の爲めに死するは嘉すべきも名譽の爲め
　　に死するは不可、殊に戰鬪不利なればとて我と我が力を
　　以て自殺するは惡い是の如き武士道は歐米に學んで改め
　　ねばならぬ、歐米人は之れを勇氣缺乏又罪惡と云ふ當世
　　の教育家は能く此點を心得よ。又假令俘虜となつても恥
　　ではない敵國に留學に赴いた思へ云云といふのである、
　　是れ即ち耶蘇教的個人主義より説き來るのである[13]。

　　首先，佐藤辯解説自己的名譽説跟浮田的義務説絕不相同，
佐藤批判認為浮田的説法等於就是要選擇最後自殺切腹的日本武
士道去向歐美學習。因為歐美認為自殺是一種缺乏面對現實勇氣
的罪惡，因此，浮田才會主張要軍人把向敵國投降當成是一種去
異國留學的充電學習，佐藤批判浮田的這種想法是來自基督教的
個人主義。在此，佐藤堅持自己的名譽説並無法跟浮田的義務説
混淆協調，而這無疑就是對著井上調和兩者的論調而有的批判，
重點是佐藤直接挑明説浮田的説法其實就是根據基督教的個人主
義而有，而且就是要日本武士道去向歐美學習。

　　時の情勢次第寧ろ花々敷割腹するも亦可なりと云ふので
　　ある、是れ即ち純潔なる忠孝主義より吾人の信仰を形作
　　つたのである、苟も大和男子ならば誰れか之れを難ずる

13　秋山梧庵編，《現代大家武士道叢論》（東京：博文館，1905），頁
　　248。

> ものあらんこれを難ずるものは決して日本人ではないと
> 思ふ[14]。

　　其次，佐藤又說大勢已去切腹自殺是純潔的「忠孝主義」，
凡是大和男子都不會責難的，會去責難的人就不是日本人。在
此，佐藤直接言明在最後關鍵選擇自殺犧牲就是「忠孝主義」，
這就是日本人的共同價值。換言之，佐藤認為浮田質疑自殺之說
法，就等於是質疑日本的「忠孝主義」。

> 又軍人に賜はり居る勅諭に何んとある乎、曰く軍人は一
> 途に己が本分の忠節を守り義は山嶽よりも重く死は鴻毛
> よりも輕しと覺悟せよ其操を破りて不覺を取り污名を受
> くる勿れと、是れ即ち軍人たるものは浮田氏の如き個人
> 生存主義を本とする限りある義務の爲めのみ働くのでは
> ない、尚ほ其上に限りなき名譽の爲めに働くのである
> いふ千古不磨の經典ではないか、この勃々たる名譽心は
> 即ち日本軍人をして無限に強からしむる唯一の心的素養
> ではないか[15]。

　　再者，佐藤又說明治 15（1882）年明治天皇賜下之〈軍人
勅諭〉裡明講要軍人守本分忠節，覺悟到義重於山嶽，死輕於鴻

---

[14]　秋山梧庵編，《現代大家武士道叢論》（東京：博文館，1905），頁
　　　249。

[15]　秋山梧庵編，《現代大家武士道叢論》（東京：博文館，1905），頁
　　　249-250。

毛，勿破其操取而不覺受污名，而這份忠肝義膽絕對不是浮田氏
那種侷限於個人生存主義為義務而工作之想法可比擬，而是一種
保全名譽的千古不滅經典想法，此名譽心即是日本軍人無比堅強
的、唯一不二的心靈素養。在此可知，佐藤的看法依據是來自
〈軍人勅諭〉，他以此堅決認為軍人都有覺悟到在關鍵時刻會犧
牲自己，而投降就是沒有操守的毀損名譽。

　　以上觀察分析結果可獲知如下。第一，佐藤正不認為自己的
名譽說可以跟浮田的義務說調和。第二，佐藤正認為關鍵時刻選
擇自殺犧牲保全名譽之想法是根據〈軍人勅諭〉，就是「忠孝主
義」。第三，佐藤批判浮田的主張之根據來源是基督教之個人主
義，佐藤也批判浮田的主張就是要叫日本武士道向歐美學習。總
之，可窺知佐藤正堅守的是〈軍人勅諭〉，而「軍人勅諭」則與
〈教育勅語〉二者正是並為當時軍界、教育界之最高指導原則，
因此他所說的「忠孝主義」恐應也與〈教育勅語〉緊密相關。又
從〈軍人勅諭〉與武士道同時出現來看，可推知，在佐藤的想法
裡，武士道與〈軍人勅諭〉、「忠孝主義」二者統合為一，且與
歐美的基督教、個人主義處於對立。

5. 東京帝國大學井上哲次郎教授的再批判

　　前述之浮田自我辯解論說一出，除了佐藤正進行上述的再批
判之外，井上哲次郎也提出了再批判如下。

　　　　西洋の學者の自殺に關する說は一定して居るのではな
　　　い、例へばショッペンハウエルの如きは自殺は惡いとし
　　　て居らぬ、自殺がなぜ惡いかといふことは中々論斷する

に容易でありません西洋人の説はかやう／＼であると一
概に論ずることは甚だ僭越であると言はねばなりませ
ぬ、成程浮田氏の今回辯解せらるゝやうに西洋人のいふ
のは參考とすべきものであります、特に西洋の學者の言
ふことを參考とするは我れ／＼は浮田氏に一歩も讓りま
せぬ[16]。

　　井上說西洋對自殺並無定說，西洋學者叔本華就不覺得自殺
是不好的，既然連西洋人自己都無法論斷自殺為何不好，因此浮
田這種把西洋人個個都當作是主張自殺不好的想法是過於僭越，
既然浮田主張要參考西洋人，那我井上則堅持也要參考西洋學者
叔本華所說。在此，井上舉出以自殺論知名的哲學家叔本華之例
子，主張浮田所謂參考西方之說法並不全面踏實，並認為浮田依
據西洋說法來否定自殺論的主張其實並無法成立。

浮田氏は割腹自殺が西洋人から笑はるゝやうなことであ
るから今後全く之をよすがよいと斯ういふ議論をしてあ
りますので西洋人から笑はるゝとか笑はれてならぬとか
は浮田氏自身最も氣にして居るのであります、それに可
笑きことは相洋人の評判を氣にするといふことは西洋人
に對して名譽をたもつのを氣にするのであります、所が
軍人が名譽の爲めに戰死するはいけないと浮田氏は論ず

---

[16]　秋山梧庵編，《現代大家武士道叢論》（東京：博文館，1905），頁
257。

るのではありませんか、自分の自殺論を立つるには西洋
人に對する名譽を楯にして之を立てながら軍人は名譽を
目的として戰死してはならぬといふことは自家撞着の甚
しきもので實に得手勝手の論法と言はれても致方はあり
ますまい[17]。

　　再者，井上認為浮田氏之所以會反對切腹自殺，其實只是因
為他害怕會被西洋人嘲笑，浮田他其實就只是要對西洋人保住自
己的名譽，而實際上，他為了維護自己反對自殺的看法，其實就
是一方面自己是以在乎西洋人對自己的名譽為盾牌，一方面卻又
去批評日本軍人不可以為了保住名譽而戰死，其實是充滿著自我
矛盾，也是自我任性的論說方法。在此，井上批判浮田自己只在
乎西洋人對切腹自殺的毀損名譽，然而卻同時又反對日本軍人為
保住名譽戰死，換言之，井上認為浮田只在乎自己的名譽，卻反
對日本軍人在乎軍人的名譽。

　　以上可歸納井上的論點有二。第一，井上以自殺論知名的哲
學家叔本華來反駁浮田，認為西方人並非都反對自殺。第二，井
上批判浮田其實是自己為了捍衛名譽而反對切腹自殺，但浮田卻
反對軍人為了捍衛名譽而自殺。總之，井上批判浮田以西洋眼光
來批判切腹自殺。然而，井上他也規避了如下兩個事實，第一，浮
田的根據是一般基督教社會反對自殺之論調，而井上的根據則是
少部分學者之自殺贊成論。第二，浮田也認同名譽、捍衛名譽，

17　秋山梧庵編，《現代大家武士道叢論》（東京：博文館，1905），頁
　　260。

但只是他認為不至於為了捍衛名譽而有必要去死。

6. 東京帝國大學加藤弘之校長的意見

　　如上的幾番來回激辯之後，東京帝國大學的加藤弘之（1836-1916）校長也加入了，首先，加藤主張如下。

> 歐羅巴人の習慣風俗と日本人の習慣風俗とは其處に於て大分違がある、日本人はさう云ふ防禦の手段全く無き時に於ても捕虜になることは實に恥しいことであると云ふ習慣に育てられて居る、是れが所謂武士道である、さう云ふ時には寧ろ生命を棄てゝ仕舞ふと云ふは眞に快い事である[18]。

　　加藤說歐洲人與日本人之風俗習慣不大相同，日本人的習慣就是認為在完全無防禦反擊之下就成為俘虜是種恥辱，這就是武士道。在關鍵時刻寧願拋棄生命才是快事。在此，加藤明確的指出武士道以不戰而降為恥辱，武士道在關鍵時刻是以拋棄生命為快事。

　　其次，加藤又主張如下。

> 私は義務と名譽との間に區別を立てるのは誤であらうと思ふ、矢張り義務のために死ぬといふことが名譽にな

---

[18]　秋山梧庵編，《現代大家武士道叢論》（東京：博文館，1905），頁268。

る、軍人と云ふものは命を棄てゝ戰をすべきものである
ので、それが義務である、其義務のために死ぬ、それが
即ち軍人の名譽になるのだ、ソコで軍人の名譽を全うせ
んがために死ねばそれが軍人の義務を盡したことにな
る、それだから兩方から言つて一になつて仕舞ふ[19]。

　　加藤主張不應該區別義務與名譽，為義務而死即是名譽，軍
人的義務就是棄命而戰，為盡此義務而死，這就是軍人的名譽。
軍人為保全名譽而死是盡了軍人的義務，二者合而一。在此，加
藤所謂義務名譽二合為一之說法，其實是與上述井上所主張的大
致相同，換句話說，加藤是贊成井上之主張，間接的反對了佐
藤、浮田各自的看法。

　　總之，加藤明確的點出了此論戰之主旨其實就是在挑戰武士
道價值觀的問題。武士道是講究戰鬥分出勝負，即使是戰死也無
懼。簡言之，就是武士道就是不怕死在戰場，而加藤也同意了井
上說法，即是戰死義務衍生了名譽。

　　以上是我們以《現代大家武士道叢論》所收錄之「佐藤對浮
田論」戰為材料，依照書中編排順序，分別對佐藤、井上、浮
田、加藤之主張，逐一進行觀察，其結果大致可總結如下。

　　第一，佐藤正以自己軍人之經驗批判浮田的義務理性主張是
學者空談，並且佐藤也根據〈軍人勅諭〉、「忠孝主義」的武士
道，堅持認為軍人為名譽而死就是「大和魂」，他也認為浮田的

19　秋山梧庵編，《現代大家武士道叢論》（東京：博文館，1905），頁
　　272。

反對自殺就是源自歐美的基督教及個人主義。第二，井上是主張
義務衍生名譽的折衷調和論，實際上井上就是讓浮田的義務說成
就了佐藤的名譽說，井上認為在關鍵時刻自我犧牲寧死不屈就是
日本精神，同時井上也根據西歐哲學家叔本華之自殺贊成論去否
定了浮田的一般基督教社會反對自殺之論調。第三，浮田他自己
本身也是贊同「忠君愛國」的「大和魂」，只是他是基自西方基
督教社會一般的價值觀去反對切腹自殺，他認為名譽固然可貴需
要捍衛，但沒有必要到必須犧牲生命。第四，加藤則大致與井上
的折衷調和論相同，只是加藤指出此論戰之關鍵其實就是：浮田
挑戰質疑了日本傳統武士道中勇於犧牲的精神。

　　由上可推知下。第一，《現代大家武士道叢論》所收錄的
「佐藤對浮田論」戰之關鍵，其實就是一場針對對武士道價值觀
的大辯論，其討論的議題就是：在最後關鍵時刻軍人到底該不該
切腹自殺？他們普遍共同認為切腹自殺是日本傳統武士道精神的
展現，但是受過基督教洗禮及西洋教育的浮田和民卻開始動搖。
相對的，井上雖也是曾經留學德國，也曾受過西方教育，但井上
卻贊同自殺切腹，井上與浮田之如此差異應該來自於二人對基督
教信仰的接受與不接受的問題所導致。第二，自佐藤正的發言可
窺知，當時的武士道與〈軍人勅諭〉、「忠孝主義」、「忠君愛
國」有緊密關係，又〈軍人勅諭〉與〈教育勅語〉相輔相成為當
時的意識型態，當時的武士道已演變成〈軍人勅諭〉與〈教育勅
語〉兩者連結發展而成的「忠孝」價值體系。

　　以上，明顯可看出《現代大家武士道叢論》所收錄之「佐藤
對浮田論」戰，其開端雖說是起因於運輸船的投降或自殺事件，
但經如上考察，其實其內容就是浮田因為自己受基督教信仰所影

響而去挑戰了武士道價值觀因而引起的論戰。那麼，關鍵人物的浮田，如上所述，他自己既然也曾說過自己其實也認同「忠君愛國」的「大和魂」，則浮田所認為的武士道又是什麼？成了接下來必須解決的問題，關於此我們改章探討。

三、浮田和民之武士道

在「佐藤對浮田論」戰中，勇於挑戰質疑日本傳統切腹的浮田和民，乃是一位於早稻田大學執教鞭的政治學學者，他曾主張在政體上民主主義與君主國家二者調和，並以著有《倫理的帝国主義》一書而知名，更於明治 42（1909）年至大正 6（1917）年擔任雜誌期刊《太陽》的主編，他是當代自由民權論之先鋒學者，也是開啟大正民主主義的先驅學者，此外，除了政治學、社會學之著作外，浮田和民亦有不少倫理學著作。本研究則是以約末他在「佐藤對浮田論」戰之後的時期裡的兩本著作《社会と人生》與《文明の世》，以此二書為對象，聚焦於武士道進行深入觀察展開分析[20]。

---

[20] 關於武田清子，〈浮田和民の「帝国主義」論と国民教育：明治自由主義の系譜〉，《国際基督教大学学報. I-A, 教育研究》21（東京：國際基督教大學，1978），頁 1-27、姜克實，《浮田和民の思想史的研究：倫理的帝国主義の形成》（東京：不二出版，2003）、神谷昌史，〈民衆・群衆・公衆──浮田和民の民衆観とデモクラシー〉，《国際比較政治研究》18（東京：大東文化大學國際比較政治研究所，2009），頁 76-92、石井知章，〈浮田和民と「倫理的帝国主義」論〉，《アジア太平洋討究》19（東京：大東文化大學國際比較政治研究所，2013），頁 89-102 等等諸研究。與此相對的，針對浮田和民的人格論或修養進

1. 大正 4（1915）年《社会と人生》

　　首先，我們先針對浮田著作的《社会と人生》來看，此書雖出版於大正 4（1915）年 2 月，但序文則是在大正元（1912）年撰寫，浮田在序文即直接表示此書是將自己曾在各雜誌、講義所刊載之文章，加以修正整理而成，因此，我們可推知此書之內容撰寫時期應落於大正之前明治末期的幾年間，換言之應該是在「佐藤對浮田論」戰後幾年間所陸續完成。浮田在此書的「社會篇」的第一章（五）「新日本道德」即挑明針對新時代的道德與武士道間的關係進行論述。對此，我們擷取重要段落析論如下。

　　　　元來武士道の德義は國家的若くは家族的德義にして、直
　　　　接間接家族若くは國家を以て其の道德の目的と為すもの
　　　　である。故に忠孝は此道德の骨子にして君父は實に此道
　　　　德の具體的神像に外ならぬ、然るに近世文明の傾向は家

行研究較少。例如小川智瑞惠，〈浮田和民における人格論：キリスト教理解とシンクレティズムをめぐって〉，《日本の教育史学：教育史学会紀要》38（東京：教育史學會，1995），頁 78-96 以及和崎光太郎，〈初期丁酉倫理会における倫理的<修養>：姉崎正治と浮田和民に着目して〉，《教育史フォーラム》38（京都：教育史フォーラム・京都，2012），頁 3-17。此外，姜克實，〈浮田和民の帰一理想—帰一協会との関わりについて—〉，見城悌治編《帰一協会の挑戦と渋沢栄一：グローバル時代の「普遍」をめざして（渋沢栄一と「フィランソロピー」2）》（京都：ミネルヴァ書房，2018），頁 54-75，此乃考察浮田與歸一教會之關係，而榮田卓弘，《浮田和民物語》（東京：日本評論社，2015）則是浮田生平研究等等，皆值得注意。不過，這些研究並無論及浮田和民的武士道。

族及び國家を以て凡ての社會とは為さず、一は人間社會
の最小なるもの、一は其最大なるものとなし而して平生
人間活動の重なる部分は家族と國家との間に於ける種々
なる經濟社會に在ることを發現せしめた。…（中
略）…。我國の學校教育に於いて有效に教へ得る所のも
のは此ニッに外ならぬ樣である[21]。

首先，浮田主張原本武士道是以國家、家族為其道德目的，
而「忠孝」為武士道道德之骨幹，君父則為其外顯之最高崇敬對
象，然而近世文明並非是由家族國家構成社會，而是在人類社會
構成的最大單位與最小單位之間，換言之即在家族與國家之間，
發現了經濟社會，而我們學校傳統教育的效力範圍卻仍停留僅限
於國家與家族。

在此，浮田定義了武士道是「忠孝」道德體系，對象是國
家、家族體系的以君父為首之社會，而目前教育僅適用於此範
圍。換言之，浮田認為明治教育是以武士道為基礎，以「忠孝」
道德教育掛帥，但卻無法涵蓋至經濟社會的層面。關於此，浮田
繼續論述如下。

今や士族の階級瓦解して平民と別つ所なく、一旦緩急あ
りて義勇公に奉ずる場合の外所謂武士道の道德は餘り其
效力がなくなつたのである。而して佛教衰へ儒教振は
ず、基督教未だ勢力あらざるが故に、平日の場合に於て

---

[21]　浮田和民，《社会と人生》（東京：北文館，1915），頁 90-91。

我國民ほど極端なる個人主義者は他にない程である[22]。

現今士族階級已瓦解，與平民並無區別，過去的那套一旦有
事義勇奉公的武士階級的武士道道德於現今已無效力，佛教、儒
教、基督教，或衰退、或不振、或勢力均未成氣候，因此，現在
的國民正是處於極端的個人主義。

在此，浮田認為隨著武士階級制度瓦解，過去武士社會的武
士道亦效力有限，社會在無任何道德系統主導的狀況下，因而呈
現瀰漫著極端之個人主義。也就是說，就浮田而言，武士道的效
力原本就是侷限於武士社會，因此，當前需要有一個新的道德體
系來領導社會，以避免流於極端的個人主義氾濫猖獗。關於此，
浮田又敘述如下。

我國にては英國に於けるが如き近世的社會に適合せる具
體的理想を以て一般人民に臨むことが出来ないから英國
の紳士道よりも一層高尚にして且つ抽象的なる人格の理
想を獎勵するの外ないのである[23]。

我國沒辦法如英國那樣用一個適合近世社會的具體理想去面
對人民，我們只能獎勵一個比紳士道更高尚且抽象的人格理想。
在此，浮田主張不能直接用英國近世社會規範的紳士道套用在日
本，而是要獎勵一種理想人格來教化人民。那麼此人格所指為

22　浮田和民，《社会と人生》（東京：北文館，1915），頁 92。
23　浮田和民，《社会と人生》（東京：北文館，1915），頁 94。

何？他則說明如下。

> 人格とは何ぞや、倫理的定義によれば人格とは人間の價
> 値を認識して其事物と異なる所以を自覺するの謂であ
> る。…（中略）…。人たるの價値に於ては男女平等、貧
> 富無差別である[24]。

就倫理上的定義而言，人格是指認識人的價值、自覺人之所
以異於其他事物之處。在人的價值上，並無男女貧富差異，一切
平等。在此，浮田主張人應該自覺到人之所以為人的價值，此價
值是人人平等。他又繼續論述如下。

> 戰國時代に於て人格の獨立を保たんとする者は先づ武器
> に依賴せねばならなかつた。武勇を顯はし節義を重んず
> る者は人として互に相敬するの道を全うする亡を得
> た。今や吾人の武器は刀劍に非ずして黃金である、武勇
> に非ずして信用である[25]。

戰國時期，人們只能靠武器保有人格獨立，展現武勇、重視
節義的人就得以保全了作為人的相互敬重之道。然而，現今我們
的武器並不是刀劍武器而是黃金貨幣，我們不是靠武勇，而是要
靠信用。在此，浮田以為過去武士社會是靠武器及武勇節義來贏

---

[24]　浮田和民，《社会と人生》（東京：北文館，1915），頁 94-95。
[25]　浮田和民，《社会と人生》（東京：北文館，1915），頁 96。

得人格尊重，但現在的社會則應該是要靠貨幣及信用。此外，浮田又說明如下。

> 然るに全國の小中學校に於ては單に忠君愛國の一點張り
> にて、戰時の倫理教育のみ最も有效なりとせば我社會道
> 德の劣等なるは固より怪しむに足らぬ次第である。何と
> なれば往昔我國の商工業者は一般に蔑視せられて士人の
> 階級に齒すること も出來ず[26]。

現今全國小中學裡只針對「忠君愛國」而實施，而這卻只適合用於戰爭時期的教育，因此，我國社會道德會落後並不足為奇，因為我們以前根本就是蔑視且不齒工商業階層。在此，浮田認為「忠君愛國」教育是不足以適用推廣至於現在的社會道德，原因是其階級性所致，因為忠孝源自武士道，而武士道社會裡則是鄙視工商階級之存在，然而，偏偏工商階級社會這塊在近代卻扮演了重要的角色，因此過去的武士道對於現今工商業階層社會的道德發展上顯然有所欠缺不足。針對武士道於工商社會道德之欠缺不足，浮田主張如下。

> 維新以來の改革及び教育は維新前に於て全く武士の階級
> に止まりたる武士道の精神を一般人民に普及せしめ、以
> て今日までの成功を見たるが如く、今日以後の改革及び
> 教育は單に武士道の理想を維持するのみならず、之を擴

---

[26]　浮田和民，《社會と人生》（東京：北文館，1915），頁98。

充し又向上せしめて國際的商工業の競爭上に之を實現せ
ねばならぬ[27]。

　　維新以來之改革及教育是僅止於武士階級，我們要把武士道
之精神成功的推廣普及至一般人民，今後的改革及教育是不能僅
止於單單維持傳統的武士道的理想，而是必須擴充向上並於國際
工商業上也能應用實現。換言之，浮田的主張並非是排斥武士
道，而是主張要擴充武士道在道德上的應用範圍。

　　以上，我們依據浮田於《社会と人生》的武士道主張分析結
果可獲知如下。第一，浮田雖然批判了昔日的武士道，但他並不
否定武士道。第二，過去的武士道是一套以君父忠孝為頂點的道
德體系，它只能適用於過去的國家家族社會，但卻並不能適用於
以經濟社會為主體的現在。第三，傳統的武士道是以武士階級為
主，鄙視工商階級，因此無法適用於工商經濟為主體的現今社
會，故武士道必須發展出適用於工商業之側面。那麼，具體而
言，武士道要怎樣做才能是適用於經濟社會？關於此我們於下節
探討。

2. 大正 4（1915）年《文明の世》

　　浮田和民之著作中，大約與《社会と人生》同時期、性質接
近之另一本著作是《文明の世》，根據其序文之記載，該書是撰
寫於大正 3（1914）年，且此書亦是蒐羅浮田之前的各種意見、
論文、期刊文章而彙編成書。浮田在《文明の世》的第三章第二

---

[27]　浮田和民，《社会と人生》（東京：北文館，1915），頁 100-101。

節「武士道及び其將來」清楚的論述了他對於武士道的看法，對此，我們擇其要點分析如下。

> 武士道は近世的封建制度に適應する樣に發展したもので幕府時代にあつては最高の道德であつた。加之其流風餘韻は今尚存し現今の國民性を為して居るから、其美風俗善習慣は永遠に保持しなければならぬけれども、幕府廢して四民平等なる現代の社會に於て封建時代の風俗習慣が悉く道理に合するものではないのである[28]。

　　首先，浮田說武士道是因應近世封建制度而有的產物，也是幕府的最高道德。其流風餘韻所致進而形成了今日之國民性，我們雖然必須保持其美善的風俗習慣，但如今幕府已結束，社會已進入了四民平等之時代，那個封建時代的風俗習慣到了現代社會則已顯得不合理。在此，浮田認為武士道是封建時期產物，但關鍵是明治維新後，封建瓦解，發展成四民平等的社會，而過去的那套風俗習慣已明顯不合時宜。
　　再者，浮田對武士道分析如下。

> 武士道は忠義及び名譽を重んじて人をして死生の間に卓立せしむる効力あるは其長所として永遠不磨の要素である、けれども其れと同時に武勇を偏重するよりして武德以外の人格を無視する傾向がある。封建時代に於て平民

---

[28]　浮田和民，《文明の世》（東京：博文館，1915），頁130。

> 及び婦女子が一般に蔑視せられ、而して其の弊風の今に
> 存することは官尊民卑の弊風と共に我社會道德の一大缺
> 陷である[29]。

　　浮田認為武士道是重視忠義與名譽，在生死關鍵之際，武士
道具有讓人卓然而立之效力，此為其長處，而此精神要素也永不
抹滅，然而，過去武士道有傾向比較偏重武勇而無視「武德」以
外之人格，而這種封建時代裡的蔑視平民及婦女的弊風至今依然
存在，並且還與「官尊民卑」一併成為現今日本社會道德的大缺
陷。在此，浮田指出忠義與名譽皆為重要之日本精神要素，但他
同時也指出武士道的問題缺點是過於強調「武德」，它就是一種
以武士、官之階級為尊，蔑視一般平民、平民、婦女之道德。換
言之，浮田認為過去的武士道是武士階級專屬之道德，重視「武
德」，藐視其他階級，這是其缺陷，而對此缺陷問題他主張如
下。

> 武士を尊び商人を蔑視した結果商工業に必要なる實業道
> 德を養成するに困難である、而して此短所は實際將來に
> 於ける我國民の發展に最も惡影響を及ぼすのである[30]。

　　獨尊武士蔑視商人的結果，導致了在工商業等實業道德發展
上的困難，而此缺點則是會對將來日本國民的發展產生最惡劣的

---

[29] 浮田和民，《文明の世》（東京：博文館，1915），頁 135。
[30] 浮田和民，《文明の世》（東京：博文館，1915），頁 136。

影響。浮田接著又主張如下。

> 武士的精神を進化せしめて武力の勇を忍耐の勇となし、
> 忠孝信義を擴充して凡ての人に對する忠實信用たらしめ
> ねばならぬ、而して武士道の名譽を經濟上の信用に轉化
> せしめ、討死の勇氣を向上せしめて忍苦、耐久、最終の
> 成功を制する勇氣たらしめねばならぬ[31]。

　　浮田他主張要讓日本的武士精神進化，要以「武力の勇」轉
化為「忍耐の勇」，要擴充「忠孝信義」，並讓它轉化成為對所
有人的「忠實信用」，將武士道之名譽轉化成經濟上之信用，將
戰死之勇氣提升成為「忍苦」、「耐久」獲得「最終の成功」的
勇氣。

　　以上我們對於浮田於《文明の世》之武士道看法進行分析彙
整後可獲知如下。第一，浮田定位武士道是封建時代的產物，重
視忠義與名譽。第二，武士道是武士階級的道德，重視武德，藐
視其他階級，例如平民、婦女、工商業等，因此在四民平等、經
濟社會的明治時代已不合時宜，並且也欠缺了工商業道德的養
成。第三，我們應該轉化武士道，將武士階級之道德轉化成為所
有人之道德，將重視名譽的精神，轉化為商業信譽，將英勇戰死
轉化為忍耐毅力以至成功。

　　總之，浮田並非否定武士道，他批判武士道偏重「武德」，
也批判武士道一味強調戰死英勇維護名譽之側面，更認為其他階

---

[31]　浮田和民，《文明の世》（東京：博文館，1915），頁 136-137。

級根本不需要如此跟風，而是主張武士道必須改變發展成為重視
經濟商譽，堅忍成功，而並非是過去所重視追求的沙場戰死。因
為時代改變了，武士並非主流，四民平等才是主流。換言之，浮田
是認為過去武士道所謂的「大和魂」其實是武魂、軍魂，對此他
犀利的指出這正就是武士道於現今四民平等社會發展時的缺陷所
在，因此他主張武士道要從武魂、軍魂轉型為商魂或一般人格。

四、結語

　　以上我們先後分別針對《現代大家武士道叢論》所收錄的
「佐藤對浮田論」戰、以及此論戰核心人物浮田和民的兩本著作
《社会と人生》與《文明の世》裡的武士道進行考察，其結果得
知如下。

　　第一，「佐藤對浮田論」戰中，表面上是幾位明治社會菁英
在爭論戰敗者究竟應該投降或自殺，但就其實質內容而言，其實
就是浮田和民基於其基督教信仰及其價值觀，公開反對武士道價
值觀的自殺切腹，而且，從浮田在當時所引發的文武兩界的強烈
反彈意見來看，我們可窺知：明治當時的當權主流派是對武士道
切腹自殺的價值觀給予高度肯定，而浮田的論調則為少數派。第
二，「佐藤對浮田論」戰的關鍵人物是浮田和民，浮田雖然反對
切腹，但他本身顯然仍受限於當時「忠孝」武士道的國家意識型
態[32]，而並非是完全反對日本傳統所謂的武士道「大和魂」，浮

---

[32]　浮田為熊本派之基督徒，眾所周知，《教育勅語》頒佈後，不敬事件發
　　　生後，基督教陣營承受龐大之壓力，此時期之基督徒最後大都馴化妥協
　　　於天皇制國家意識形態，浮田亦為其中之一，基督徒與天皇制國家意識

田他只是反對人們單單以武魂、軍魂來定義武士道、窄化武士道，因為那正是舊時武士道的嚴重缺陷。第三，浮田所主張的新時代的武士道應該是一種可以擴及至四民平等社會，也主張要讓武士道轉型發展成為經濟社會下的商魂及其他階級的人格，而且過去一味偏重武魂、軍魂的武士道是封建制度下的產物，隨著封建體制的瓦解，我們也應該進行其相關教育之改革。

然而，主張改革偏重武魂、軍魂武士道的浮田，他在現實中卻是屢屢遭受慘烈攻擊，即便是學術界同儕的井上哲次郎或加藤弘之曾幫忙緩頰提出或贊同了折衷論以圖解圍，但即便如此，井上或加藤他們卻依然堅持應該保留勇於切腹自殺的武士道「大和魂」。換言之，浮田主張將武士道擴及平民之看法主張，或許沒被否定，但浮田想要將武士道裡原本武德軍魂所重視的名譽切腹自殺加以否定的主張不僅是不被認同，反倒是屢遭批判，寡不敵眾。總之，我們從後來浮田於《社会と人生》與《文明の世》兩本著作裡的主張亦可窺知，在「佐藤對浮田論」戰中，浮田乃是基於西方思想及基督教信仰，企圖想指出「武德」軍魂為主的武士道的缺點，並喚起大家的共鳴，也呼籲對武士道必須進行轉型，藉此讓偏重「武德」的武士道得以脫胎換骨。然而，從以軍方為主的勢力所進行的激烈反撲來看，無疑是形同對浮田的呼籲宣判了無效。

此際明治期的「忠孝」教育方針早已滲透了日本社會，即便有人與時俱進接受了西方思想的刺激與洗禮，例如浮田和民已開

形態之「馴化」關係可參考簡曉花，《當天皇 vs. 上帝時：近代日本基督徒如何避免信仰衝突？》（臺北：臺灣學生書局，2021）。

始重新思考提出將原本面向武士的武士道轉型成為面向四民的武士道，但無論如何，那個偏重「武德」、武魂的武士道顯然依舊是不容挑戰的鐵板一塊。原本在江戶的武士道就是文武兩道，而到了明治時期其核心價值則轉為專注強化古典傳統氣息濃厚的「忠孝」，浮田於此論戰中的失敗無疑是意味著即便是封建武士階級已經瓦解了，但明治的主流意識仍是以「武德」「忠孝」掛帥的武士道來教化全民。反言之，原本在「佐藤對浮田論」戰中，武士道本具有改革擺脫偏重「武德」、武魂之可能性，然而，隨著關鍵人物浮田的失敗，此項改革挑戰也等於失敗[33]，這個挫敗甚至反倒是讓武士道之偏重「武德」、武魂之價值觀藉此論戰一舉獲得帝國各界確立公認為日本精神，也恐因此而順勢轉折進而成為日後軍部推動軍國主義的共識基礎。

---

[33] 就某種意義而言，浮田承認忠君愛國而提出了妥協的新道德，此即是可視為一種在該時空背景下的限制。

第五章 明治・大正之武士道：
從人格武士道至平民道

　　武士道一詞至晚已於江戶文獻中出現，遲至明治 32
（1899）年 11 月基督徒新渡戶稻造（1862-1933）所撰寫的英文
著作《武士道》出版後[1]，武士道才得以聞名世界。而日本在王
政復古後的近代國家體制下，明治知識分子則紛紛向傳統尋求新
的國民道德依據，約莫此際，基督徒新渡戶稻造向世界揭示高舉
了武士道，並掀起了世界及日本國內對武士道的高度關心熱潮。
而明治知識分子所摸索討論的新國民道德的明治武士道，它其實
是一種以忠孝為基礎的臣民道德，也是一種神道及儒教等傳統色
彩濃厚的武士道[2]，此武士道發展至明治末期，再由基督徒浮田
和民掀起了一場明治菁英間的武士道大論戰，論戰中，浮田和民

---

[1]　在明治前已有一些武士的書籍提到武士的倫理守則及武術兵法，武士道
　　一詞也確實已出現，但從現存史料綜觀而言，所謂「武士道」一道德概
　　念範疇被放大檢視甚至高度頌揚拉抬至一個成為全日本國民道德範本的
　　現象是明治時期所獨有。

[2]　明治武士道乃一種以忠孝為頂點之〈軍人敕諭〉與〈教育敕語〉，即軍
　　人道德與教育道德總括而成之明治期忠孝武士道，此忠孝武士道概念之
　　底層，乃是以儒教為中心的道德觀以及一個漠然存在的神道。詳參本書
　　第二章及第三章。

基於基督教社會之價值觀去反對傳統切腹自殺的武德武士道，且欲以人格武士道取而代之，他雖主張應該發展成一種面向全民的人格武士道，但終究寡不敵眾，人格武士道主張遭屢屢受挫，浮田和民的主張反倒是被嚴厲批判成是：以基督教價值觀出發去要求切腹自殺的日本傳統武士道向基督教學習看齊。這場基督徒所引爆的武士道論戰可謂是人格武士道對上武德武士道，它既是當時輿論之焦點，參與之社會菁英亦眾多，因此其後續之發展如何？亦格外引人關注。

一、前言

承前所述，若談論到基督徒與武士道的關係，則可輕易的發現在明治武士道的發展過程中，基督徒顯然扮演著舉足輕重的要角，然而，另一方面，在現實中，基督徒卻是挾身於明治國家意識形態與基督信仰的矛盾衝突之間。從明治期至二戰結束，國家社會皆位於現人神天皇及神道為核心的國家意識形態之高壓籠罩，一神信仰的基督徒即在面對此祭、政、教三效合一的國家體制時，他們或選擇迴避或由對立至迴避、甚採取折衷包納等，其種種姿態皆可謂馴化於此意識形態而有的展現[3]。另一方面，武

---

[3] 一神信仰的基督徒在面對以現人神天皇及神道為核心的明治國家意識形態時，他們徘徊於現實的現人神天皇體制與理想的一神信仰之間，並非所有人的內心是毫無感受、完全平靜的，例如轟動輿論的內村鑑三的「不敬事件」即是此矛盾衝突之激化顯露，但在祭政一致並結合教育一貫之體制高壓下，此時的基督徒最終對於現人神天皇幾乎多數還是選擇了迴避或是推崇稱頌、折衷，對此現象筆者稱之「馴化型明治國家意識

士道作為此國家意識型態的立體側面，不僅是受到傳統儒教陣營的高度重視，就連基督徒也大聲主張提倡，甚至到明治後期的武士道大論戰中，也是由基督徒浮田和民所公然掀起的一場主流對上非主流的「佐藤對浮田論」議論爭鬥，該論戰的起因就是明治37（1904）年的日俄戰爭中，有人寧死不屈切腹犧牲、也有人投降成為俘虜等問題，當時非主流的大正民主主義先驅學者也是基督徒的浮田和民（1860-1946），他是以基督教社會的一般價值觀去批判傳統切腹自殺的武德武士道，因而引來了以陸軍少將佐藤正（1849-1920）為核心的主流派的猛烈批判反擊。浮田寡不敵眾，至後續於大正時期，轉而在《社會と人生》、《文明の世》繼續挑明直說，在今日四民平等的社會裡，過去面向武士階級的武德武士道應該轉型，應轉為面向全民各階層，並應發展人格武士道以取代武德武士道[4]。

　　從浮田和民在論戰中飽受批判的事實來看，他的基督教人格武士道顯然是與當時的武德中心武士道的主流主張之間，相距甚遠，而實際上若我們就當時明治國家意識形態主流派的鋪天蓋地的反撲勢力來看，非主流的浮田最終遭受圍剿的結局也是理所當然，剛好而已。只是，在當時的教育界、學界所謂非主流的基督徒知識分子也並非稀有少數，則究竟所謂人格武士道是否僅僅是浮田和民一人突如其來偶發之想法？還是說人格武士道其實也是

形態」，詳參簡曉花，《天皇 vs. 上帝：近代日本基督徒如何避免信仰衝突？》（臺北：臺灣學生書局，2021）。

[4] 參與「佐藤対浮田論」論戰者不少，陸軍少將佐藤正之外尚有井上哲次郎等人，其多數文章後來被收錄於《現代大家武士道叢論》，其內容則詳見本書第四章。

存在於當時基督教陣營裡的一種共識？人格武士道與基督徒的關係究竟為何？人格武士道在與主流派的國家意識形態衝撞敗北之後其後續的發展為何？此一連串問題乃涉及明治基督徒所主張的武士道的馴化轉折現象，因此我們也有必要把其他基督徒也列入觀察範圍，一併參考。

　　對此，我們必須注意的是，其實在浮田和民引爆「佐藤对浮田論」武士道論戰之後，著名的基督教思想家綱島梁川（1873-1907）也隨後公開發表了一篇以「武士道と人格の観念」為題的文章與之呼應，並於該文中直接強調申述了人格與武士道問題[5]，無獨有偶，至大正時期，《武士道》的著者新渡戶稻造也發表了〈平民道〉一文章，並公開聲明了自己先前在明治 32（1899）年出版的《武士道》所主張的武士道其實就是主張要以基督教孵育武士道，而他的武士道就是主張要以人格差異取代階級差異，且主張要把武士道轉型為平民道，並強調這個以民主為基礎的平民道並不與國體衝突[6]。由此可推知，無論是就基督教武士道的時間軸上或者是就其論述的實質內容上而言，浮田的人格武士道恐應與綱島、新渡戶的武士道，三者之間恐應存在延續銜接之關係？然而，關於此問題，歷來的浮田、綱島、新渡戶研

5　綱島梁川於明治 38（1905）年 1 月發表〈武士道と人格の観念〉，後收錄於同年 7 月出版的綱島梁川著，《梁川文集》（東京：日高有隣堂，1905），關於綱島之該文章則於後文再詳述。

6　〈平民道〉為新渡戶稻造投稿於由実業之日本社所發行的《実業之日本》二二卷一〇号（1919 年 5 月 1 日）刊載之文章，本論文之底本則為新渡戶稻造著、鈴木範久編，《新渡戶稻造論集》（東京：岩波書店，2007），頁 215-222 所收錄之版本。對於〈平民道〉之分析論述則詳見後文所述。

究，均無有論及。那麼，從浮田的人格武士道至綱島的武士道乃至後來新渡戶所謂的平民道，其間的脈絡究竟為何？且彼等所呈現的基督教武士道與明治國家意識形態間之關係為何？亦耐人尋味，實值探求。

　　針對此問題，我們分別以綱島梁川之〈武士道と人格の観念〉與新渡戶稻造之〈平民道〉為考察對象，依序進行前後觀察分析，以得出明治・大正期浮田和民以外的基督徒對武士道之看法，進而廓清基督教陣營的人格武士道主張於大正期的轉型發展樣貌。

二、綱島梁川之武士道與人格

　　如上所述，浮田和民於明治37（1904）年9月引爆了武士道大論戰，其所主張的武士道及其基督教思想觀點飽受攻擊，其位於非主流的下風劣勢亦無須贅述，其後，同是基督徒思想家的綱島梁川隨即於明治38（1905）年1月也發表了一篇以〈武士道と人格の観念〉為題的文章以示聲援，綱島除了針對浮田的武士道主張也表示了意見之外，他也更深入直接的提到了武士道跟人格的關係。因此，當我們討論明治基督徒的武士道及人格主張時，綱島的說法便非常具有參考價值，以下我們就以綱島的「武士道と人格の観念」為討論對象進行觀察分析。

　　梁川於17歲受洗入信，後來就讀東京專門學校（早稻田大學之前身）後就開始撰寫文藝美術評論，展露才華，他一開始曾出入橫濱派的植村正久的教會，但他卻對植村的正統神學感到懷疑，一直到他遇到當時基督徒另一個山頭的熊本派領袖人物海老

名彈正之後，綱島才在海老名所採取的與日本傳統思想折衷的基督教思想之影響下，開始逐漸恢復其基督教信仰的信心，後來綱島生病後，他在《新人》發表「余の見神の実験」引起了世間極大之迴響，並且影響了許多年輕人。綱島梁川的思想雖基本上是基督教思想，但他並非保守封閉，他也曾接觸過禪宗及淨土真宗，因此他的宗教思想可以說是比較開放也比較接日本地氣，其獨特魅力所致，乃至綱島 34 歲過世之後，日本各地仰慕他的人甚至紛紛發起集結而組織成立了「梁川会」。

　　綱島梁川曾於浮田和民掀起武士道論戰之後也緊接跟著公開發表了〈武士道と人格の観念〉一文，他針對論戰裡的議題：所謂武士道最後的切腹犧牲究竟是一種為了完成義務的精神？還是說是一種為了保全名譽的精神？綱島對此問題表示如下。

　　　されば又武士道ほど義務（本務）の觀念の強く表はれてゐるものはありますまい。武士道とは、義務的觀念、義務的精神の結晶と言っても可い。體面、名分即ちつまり理想のためには何等の擬議なく之れを絶對無上の命令として直前して身命をも抛つてふその一種浩然たる義務的精神といふものは、いさ／＼ストアの精神にも劣って居らぬ。その餘りに義務の觀念の強かった𪜈[7]、克己訓練の烈しかった𪜈がやがて武士の家庭が餘り窮屈な峻嚴主義に流れて、温かな自然の人情に遠ざかったと謂はる

7　合略仮名の画像，讀為「こと」，下略同。

、所でしやう。[8]

綱島認為武士道就是義務的精神，而所謂維持體面名分的自我犧牲，其實也是一種完成任務的義務精神，這種克己訓練由於流於嚴峻主義而有遠離人情自然溫暖的傾向。總之，綱島也認為武士道就是一種義務的觀念、義務的精神。同時，綱島對浮田和民的主張則表示如下。

> 浮田和民氏は我邦從來の武士道には個人の名譽を重んずる念強くして、義務（本務）の念が少ないと言はれたやうですが、私はかねてよりちやうど浮田氏と反對の意見を抱いて居りまして武士道ほど義務の觀念が旺盛で利己的打算の念の少ないものは無いと思うてゐるのです。[9]

在此，浮田曾表示批判日本一直以來的看法是認為武士道是名譽觀念強過義務觀念，綱島則表示武士道本身其實是一直以來就是義務觀念非常強烈到而毫無利己打算。換言之，浮田在論戰中所批判的是歷來的武德武士道是一種名譽觀念的武士道而主張的則是一種義務觀念的武士道。而對於此，綱島他雖也同樣是支持義務觀念的武士道，只是綱島不同於浮田，他的說法是直接說武士道本身一直以來根本就是義務觀念強過個人的名譽打算。

那麼，所謂義務觀念的武士道，其理想究竟為何？

8　綱島梁川著，《梁川文集》（東京：日高有隣堂，1905），頁355。
9　綱島梁川著，《梁川文集》（東京：日高有隣堂，1905），頁361。

> 武士道の理想は言ふまでもなく忠君にある。其の他仁義
> 禮智とか義俠とか廉恥とか名分とかいふやうなものは皆
> 忠君を中心として廻轉してゐる武士道の理想です。[10]

　　綱島認為武士道的理想就是「忠君」，武士道的其他道德例
如「仁義禮智」、「俠義」等就是以忠君為中心圍繞運轉，這就
是武士道的理想。簡言之，武士道的理想倫理道德之中心就是忠
君。不過，綱島也同時指出這個理想現今已不足成為日本國民的
倫理主義，關於此他說明如下。

> 武士道の理想を擴充して忠君愛國の上に、更に正義人道
> を以てするは可いが、唯だこれだけで十分であらうか。
> 私十分と思はぬ。武士道をして眞に活きたる日本國民の
> 倫理主義たらしむるには尚ほ一つ最も大切なる根本的の
> ものが無くてならぬと思ふ。何か、曰はく人格尊重の觀
> 念これであります。私は人格の尊嚴を自覺しなかつたこ
> とが武士道の根本的缺點であると思ひます。忠君愛國と
> いひ、正義人道といふも、人格尊重の觀念が其の根柢と
> なることなくば、それは力の無い、生命の無い根なし草
> です。私は昔武士が自殺を輕くし、打死を輕くしたとい
> ふ事が人格の觀念の明瞭でなかつた、否幾んど無かつた
> 絕對の忠君主義、絕對の服從主義と重大なる關係がある

と思ふ。[11]

　　在此，綱島主張武士道若要成為日本國民的倫理主義，則尚
欠缺一個重要根本的「人格尊重」觀念，若無此「人格尊重」觀
念，則「忠君愛國」、「正義人道」會如同無根漂浮而喪失了著
地的根本。過去武士之所以會輕易的切腹尋死就是因為武士是在
沒有明確的人格觀念下而只有在絕對的忠君主義及服從主義的情
況之下才會出現的行為。

　　總之，綱島主張武士道必須要有人格尊重觀念做基本才能成
為日本國民之倫理主義。在這種人格尊重觀念下的武士道，「其
の無上命令の義務の聲に直前する旺盛なる献身的精神は高上な
る宗教的精神といつてもよい。但だ若し其の君の馬前に献げる
命が人格であつたならば、更に幾層忠君の意義を豐富高上なら
しめたでありませう」[12]，也就是說武士之所以會向主君犧牲獻
身，他並非是出於階級義務的本分效忠才去犧牲獻身，而是他出
於武士獨立自尊的人格觀念下才自願犧牲獻身，在如此尊重人格
的武士道之觀念下，忠君的意義才能更豐富、更具分量。

　　綱島主張具有人格觀念武士道的看法，其實來自西洋的概
念，他自己也說明如下。

　　　　ストア哲學者は誰れも知る如く天地を一貫する理性あり
　　　　とし、我等人間は皆生れながらにしてこの天地の理性を

11　綱島梁川著，《梁川文集》（東京：日高有隣堂，1905），頁365。
12　綱島梁川著，《梁川文集》（東京：日高有隣堂，1905），頁366。

具へてゐると見た。而して此く人皆が天地の理性即ち道
理心を有すると見ることに於いて、一面には人間の平等
性を観じて奴隷制度廃止の先駆をなし、一面には又此に
人間特殊の尊厳を観じて人格（ヒューマン・パーソナリ
ティ）の観念の基礎を置いたのである。羅馬法の燦然た
る権利義務の大組織も、畢竟この観念より華さいた結果
です。この人格の観念は後ちに基督教の深大なる影響を
得て益々其の基礎を牢うし、オーゴステンにより、ルー
テルによりて、益々説き強められ、更にカント、ヘーゲ
ルに至りて最も権威ある深遠の観念となったのです。今
日の欧米人のやかましくいふ権利義務や独立自尊や職分
尊重や皆深く遠くこの人格の観念に根ざしてゐる。私は
どうしても今後の武士道にはこの人格てふ偉大なる思想
を植ゑ込まねばならぬと思ふ。[13]

　　在此是說，斯多葛主義主張天地間有一貫之理性，人也生而
具有理性，皆具有天地理性、道理心，如此，重視人的平等性的
概念一方面發展成為廢止奴隸制度的先驅，另一方面也發展成重
視人類特殊尊嚴而形成了人格（human personality）觀念，以支
撐羅馬律法的權利義務概念，其後又深受基督教之影響而牢固其
基礎，遂又發展出康德、黑格爾的主張，乃至今日歐美人的權利
義務、獨立自尊、職分尊重等皆是以人格觀念為基礎。今後日本
武士道也必須植入人格觀念。總之，在此可清楚得知綱島所說的

13　綱島梁川著，《梁川文集》（東京：日高有隣堂，1905），頁 367。

人格武士道其實是以歐美基督教信仰所鞏固的人格觀念為基礎，在此觀念下，人皆具天地理性，生而平等，於後天發展出不同的個我人格。

　　承上述，綱島認為武士道所欠缺的是人格觀念，那麼武士道既是出自日本之傳統，則傳統的思維究竟出了什麼問題而導致武士道會出現基本上的不足？

　　　　武士道も亦人は生まれながらに貴き五常の性を天より稟
　　　　けてゐるといふ儒教思想の影響を受けながら竟にこの人
　　　　格てふ明瞭なる觀念を發展し得なかった。これは封建時
　　　　代の階級思想、服從思想に養はれて人間を上下の關係の
　　　　みに從って評價した武士氣質の已むを得ざる弊として、
　　　　さて今後の文明的武士道はどうしても一面にこの深遠な
　　　　る堅實なる人格單位の思想を根柢とせねばならぬ。而し
　　　　て私のいふ人格單位の思想は、國家や人道の觀念と衝つ
　　　　突かつて直ぐに砕けるやうな、そんな淺薄なものではな
　　　　い。否むしろこれらの觀念を容れて餘りある又これらの
　　　　觀念の根柢となりてそれに限りなき活力を吹き込むもの
　　　　であるのです（これは詳論を要すべき點ですが、今は其
　　　　の遑がない）。この人格尊嚴の觀念を吹き込まずして、
　　　　自重せよ、生命を重んぜよ、職分を大切にせよと云ふ
　　　　は、そもそも第二義論ではありますまい乎。生命の自重
　　　　も職分を大切にするとも、義務に忠なるとも、皆この

一根本觀念から湧きいでて來なければならぬ。[14]

　　在此，綱島指出如下，儒教主張人自天稟受了尊貴的仁義禮智信五常之性，武士道受其影響但卻無法發展出明確的人人平等、個性有異的人格觀念，這其實是封建時代階級思想所養成的習慣看法，是一種藉由上下關係來評價武士氣質所必然會出現的弊端，日後的武士道必須是以人格為單位的思想來作為根基，而所謂人格並不是指那種與國家、人道衝突的個人主義的淺薄觀念，而是一種國家、人道都必須以人格為根基並注入無限活力的觀念，假若沒有人格觀念，則所謂自重、注重職分等等都將淪為次要，反言之，生命的自重、職分及忠於義務等等都是必須是要以人格為根源。

　　總之，過去在封建社會下，武士道因為受到儒教的那套講究階級秩序道德的影響而會以上下階級去衡量評價一個人，而現在則必須是以人人平等的概念出發去重視個我人格，綱島就是主張要以此觀念為基礎去推動武士道，此人格並非是與國家社會團體衝突，而是進一步要在發展個我人格的觀念上來形成國家社會。

　　那麼，人格作為武士道的根基既是如此重要，那我們究竟又要如何培養人格呢？綱島進一步說明如下。

　　　武士道はどこまでも活動的です、社會的です、現實的です、人倫的です。かの山鹿素行が山崎闇齋等の心性の主觀的功夫を重んずる主義をいたく斥けたのも、畢竟この

---

[14] 綱島梁川著，《梁川文集》（東京：日高有隣堂，1905），頁 369。

武士道氣質に基づいて居たのです。さりながら私は信ず
る、今後武士道に入格の觀念を吹き入るゝには、どうし
ても一面人道の根據を天道に置く彼の儒教や、ストア哲
學や、基督教等の如き濶大深遠なる哲學的宗教的思想、
感情と交渉せしめなければならぬと。我等が人格の尊嚴
は其の深根柢を天地の一大人格に置なねばならぬ。我等
が人的人格の觀念はこの不盡の一大源泉より滾々として
流れ出でねばならぬと思ふ。[15]

武士道是具有社會性質、活動性質、實際性質及人倫性質
的，過去山鹿素行及山崎闇齋到最後之所以會摒棄重視心性的主
觀上的功夫，也正是因為他們以武士道的氣質為立論基礎所導致
的。今後在武士道裡注入人格觀念時，一面也還是必須要和以天
道為人道依據的儒教、斯多葛哲學、基督教等闊大深遠的哲學宗
教思想保持交涉之外，一方面人格尊嚴之深根基底本身還必須置
於「天地一大人格」之下，而由此源源不盡的「天地一大人格」
發展流出人格觀念。

總之，武士道具實際的、人倫性質，也是需要人格觀念，而
其人道根據則來自天道，人格則需要天道支撐、必須以「天地一
大人格」來作為其發展泉源，這裡雖無明說「天地一大人格」為
何，不過，就前述的歐美基督教信仰鞏固人格觀念之基礎來看，
所謂「天地一大人格」恐應指基督精神，換言之，可窺知綱島即
是認為人格觀念必須以基督精神為源泉而發展，基督教的基督精

15　綱島梁川著，《梁川文集》（東京：日高有隣堂，1905），頁 371。

神就是人格觀念的根基本源。

　　以上綱島梁川之看法，可歸納如下三點。第一，過去武士道多是指義務觀念的武士道精神，其理想為忠君，那是出於上下階級間的義務本分效忠而去犧牲獻身，相對於此，綱島則主張武士必須出於武士獨立自尊的人格觀念下去犧牲獻身。第二，時代已改變，武士道必須以人人平等且尊重個我人格為基本概念，才可成為日本國民倫理主義。第三，武士道導入人格觀念之後，尚必須要以「天地一大人格」即基督精神為其根基泉源。

　　以上我們可清楚得知綱島梁川所主張的人格武士道雖也重視依據天道、人道，但也更重視依據「天地一大人格」的基督精神。換言之，綱島的人格武士道其實是建立在基督教信仰鞏固人格觀念之基礎上所形成的主張。因此，就此而言，我們在前一章所討論提及的浮田和民的人格武士道，其實並非是浮田個人偶然突發的單一個案，人格武士道其實可以說是大正時期基督徒陣營裡的一種看法，而綱島梁川更是直接表示人格武士道的根基泉源必須是所謂「天地一大人格」的基督精神。然而，這種以基督教為根源的想法實在是與當時國家意識形態主流派的想法之間，南轅北轍大相逕庭，這也正是主流派的傳統武德武士道的主張者之所以會在武士道論戰中猛烈攻擊浮田和民的根本原因。

　　浮田的人格武士道既已在輿論界遭受主流派的猛烈圍剿，即便綱島也助攻說明了主張人格武士道的價值，但仍終究是不敵位居上風的主流派，反倒是提油救火更凸顯了人格武士道與基督教價值觀之關係密切，越描越黑。那麼，基督徒陣營的人格武士道在遭挫之後的接續發展為何？此際，時序亦進入民主主義思潮席捲的大正期，做為汲取歐美思潮最前線的基督徒，其人格武士道

主張之發展又有如何之變化？亦值得關注。關於以上諸多問題，在明治時期曾掀起武士道風潮的新渡戶稻造，其實他在大正時期也再次主張了武士道，非常值得關注，對此我們改章進行考察論述。

三、新渡戶稻造之武士道與平民道
──假面武士道

　　新渡戶稻造於明治 32（1899）年出版了《武士道》的英文版之後，日本武士道自此備受歐美輿論關注，隨後在該著作的日文版發行之後，在日本國內也引發了對武士道的關心討論，約莫於同一時期，忠孝武士道亦逐步成為日本國內之共識。而就在明治 37（1904）年的輿論界，當武德武士道重挫了基督教陣營的浮田和民所主張的人格武士道之後，隔年，綱島梁川即提出了人格武士道之文章加以聲援，而至大正 4（1915）年浮田和民更陸續出版了《社会と人生》、《文明の世》，直接強調了在四民平等的社會應該要發展以人格為中心的武士道，無獨有偶，原先最開始掀起了武士道議題的新渡戶稻造，他也在大正 8（1919）年於《実業之日本》以「平民道」為題，主張了自己當年所提的武士道其實是與時俱進並發展成了「平民道」，同時這個「平民道」也是重視人格上的差異。

　　那麼，所謂在大正期發展成「平民道」的武士道之主張為何？而由於其內容也涉及到同時期基督教陣營武士道主張的內在聯繫，故也一併成為我們必須關注的問題，以下我們就以新渡戶稻造「平民道」一文做為觀察對象進行分析討論。

　　在「平民道」這篇文章的開首之處，新渡戶提到了自己遇到
遠藤隆吉博士，當時遠藤交給新渡戶一本自己撰寫的新書《社会
及国体研究録》[16]並向新渡戶感慨表示有人認為 Democracy 與國
體相反，遠藤表示希望自己的這本新書能解此疑惑。新渡戶說自
己雖然跟遠藤不熟，但遠藤這番話卻令人內心激動愉悅[17]。新渡
戶想起自己以前也有類似的經驗並敘述如下。

　　　　かつて十余年前大阪で演説した時の如きは聴衆の中にあ
　　　　った米国のウエンライト博士が演説後僕に言われたこと
　　　　に「君は武士道の鼓吹者とのみ思っていたに、今日その
　　　　反対の説を聴いて驚いた」と。その時僕は同博士に拙著
　　　　『武士道』の巻末を熟読せらたなら、吾輩の真の主張が
　　　　理解されるであろうと答えた。この一話によっても読者
　　　　は察せられるであろうが、今日僕の論ずるデモクラシー
　　　　は決して今日に始った事ではない。デモクラシーなる字

16　遠藤隆吉指的是 1928 年由社會學研究所出版的《社会及国体研究
　　録）。

17　「横浜を出帆する際、親類を見送りに来られた文学博士遠藤隆吉君に
　　甲板上で遇うたら、同君が『社会及国体研究録』の第一号を手渡しつ
　　つ「デモクラシーは国体と相反するような考を抱く人があるので誠に
　　嘆かわしいから、今度このような研究録を出して大に世の惑を釈こ
　　う」といわれた。この一言は深く吾輩を感激せしめた。僕は同君には
　　日頃親しみはないけれども、君の手を執て打振るほど悦ばしく思っ
　　た。しかし口に発したのはただドーゾやってくれたまえ」と繰返す の
　　みであった。」，詳見新渡戶稻造著、鈴木範久編，《新渡戶稻造論
　　集》（東京：岩波書店，2007），頁 216。

が如何にも流行語になったからこれを説くものも流行を
追うものの如く思われ、またこの字を民主主義とか民本
主義とか訳するから国体に反くような心配を起すけれど
も、僕はこれを簡単に平民道と訳してはドーであろうか
との問題を改めて提議したい。[18]

　　過去曾經有美國的一位博士在聽完新渡戶的演講後跟新渡戶
說：「自己認為新渡戶是武士道的鼓吹者，而今日聽其所說與之
相反因而感到驚訝」，新渡戶則回覆這位博士表示說如果博士有
去熟讀《武士道》的卷末就會理解知道，當初新渡戶自己在《武
士道》所主張的武士道其實就是在講 Democracy。新渡戶認為自
己並不是第一次講 Democracy，Democracy 無論是被翻譯成民主
主義還是民本主義，其實都不與日本國體違背。此外，新渡戶為
了避免誤會，還特把武士道改了名稱而提出了「平民道」一稱
呼。

　　在此文章可窺知，新渡戶認為自己的武士道就是一種不違背
國體的「平民道」。此外，我們從此段文章開首裡的新渡戶與遠
藤隆吉博士的對話乃至承接至新渡戶自己與美國博士的對話脈絡
中皆可窺知：新渡戶顯然就是意識顧慮到自己的武士道可能會被
誤解為是與主流派的國體論相反對立，因此才會刻意一再的強調
說明。那麼，所謂「平民道」的武士道與原本傳統既有的武士
道，二者間之差異究竟為何？新渡戶做如下說明。

18　新渡戶稻造著、鈴木範久編，《新渡戶稻造論集》（東京：岩波書店，
　　　2007），頁 216。

元来武士道は国民一般に普遍的の道徳ではなく、少数の
士の守るべき道と知られた。しかし武士の制度が廃せら
れて士族というのはただ戸籍上の称呼に止る今日には、
かくの如き階級的道徳は踏襲すべくもない。これからは
モ一一層広い階級否な階級的区別なき一般民衆の守るべ
き道こそ国の道徳でなくてはなるまい。また国際聯盟な
んか力説される世の中に、武に重きを置く道徳は通用が
甚だ狭い。また仮りに国際聯盟が出来ないにしても武に
重きを置かんとするよりは、平和を理想としかつ平和を
常態とするが至当であろう。しかのみならず先に言う如
く士は今日階級としてはない、昔の如く「花は桜木、人
は武士」と謳った時代は過ぎ去って、武士を理想あるい
は標準とする道徳もこれまた時世後れであろう。それよ
りは民を根拠とし標準とし、これに重きを置いて政治も
道徳も行う時代が今日まさに到来した、故に武に対して
平和、士に対して民と、人の考がモット広くかつ穏かに
なりつつあることを察すれば、今後は武士道よりも平民
道を主張するこそ時を得たものと思う。[19]

　　在此新渡戶指出原本武士道是一種屬於「士」的特定階級、
是一群少數人的道德，然而，在現今戶籍制度上武士已不存在，
因此階級性的道德也已無法被沿襲，而日後國家的道德也應無需

---

[19]　新渡戶稻造著、鈴木範久編，《新渡戶稻造論集》（東京：岩波書店，
　　　2007），頁 217-218。

有階級區分，應該轉型成為一般大眾所應遵守的道德。因此新渡戶認為那種把發展重心放在「武」的道德其實是非常的狹隘，而且也並非是國際聯盟所講究追求的和平，因此新渡戶又主張倫理道德行為的主體必須是要從原本武道的「士」轉向為和平世界裡的「民」，倫理道德則應該要由武士道轉向平民道。總之，新渡戶所要贊同主張的並不是舊社會裡的那個專屬於武士階級、以武德為中心的武士道，而是新社會裡的面向一般人民的、和平的平民道。

那麼，平民道與武士道，其間之關係究竟為何？新渡戶於「平民道は武士道の延長」段落下有如下之說明。

今日のいわゆる士は昔の武士のように狭い階級ではない、各自の力によって自在に到達し得る栄誉である。かくの如く同じ文字を使っても内容を全然変えれば外部は一貫してもその趣旨に於て大差を来たす。それと同然に別の文字を用いて趣旨を一貫する事も出来る。僕のいわゆる平民道は予て主張した武士道の延長に過ぎない。かつて拙著にも述べて置た通り武士道は階級的の道徳として永続すべきものではない、人智の開発と共に武士道は道を平民道に開いて、従来平民の理想のはなはだ低級なりしを高めるにつけては、武士道が指導するの任がある。僕は今後の道徳は武士道にあらずして平民道にありと主張する所以は高尚なる士魂を捨てて野卑劣等なる町人百姓の心に堕ちよと絶叫するのではない。…（中略）…。丁度徴兵令を施行して国防の義務は武士の一階

　　級に止まらず、すべての階級に共通の義務、否権利だと
　　したと同じように、忠君なり廉恥心なり仁義道徳もただ
　　に士の子弟の守るべきものでなく、いやしくも日本人に
　　生れたもの、否この世に生を享けた人類は悉く守るべき
　　道なりと教えるのは、取りも直さず平民を士族の格に上
　　せると同然である、換言すれば武士道を平民道に拡げた
　　というもこの意に外ならない。[20]

　　在此，新渡戶主張如下。所謂平民道是武士道之延長與擴
張，武士道的行為主體也不再侷限於狹小的武士階級。同時新渡
戶也還刻意用了不同的詞彙「平民道」來表達武士道，他主張武
士道必須發展走向平民道，也強調自己並不是因此而主張要完全
捨棄武士道的高尚士魂而墮落成為商人百姓的卑劣心胸，反倒是
要主張一種會成為全民共通道德的忠君與廉恥心與仁義，簡而言
之，新渡戶就是要把武士道擴張成平民道。

　　總之，新渡戶所主張的平民道的武士道，其德目均不出忠君
仁義道德，新渡戶只是要把倫理道德的行為主體擴張延伸至全
民，讓全民都有武士的高尚靈魂與道德，簡而言之，新渡戶的所
謂平民道可以說就是武士道在新時代、新社會的異名同謂。

　　新渡戶的這個平民道論述所處的新日本社會，已非過去的江
戶舊社會，它的整個背景是那個延續自明治期國家意識形態所謂
國體論思想逐漸高壓籠罩下的大正期，同時也是那個 Democracy

---

[20]　新渡戶稻造著、鈴木範久編，《新渡戶稻造論集》（東京：岩波書店，
　　2007），頁 219-220。

浪潮衝擊的大正期。那麼，既然新渡戶的平民道是武士道在新時代的異名同謂，新渡戶自己也還說自己的武士道就是 Democracy 平民道並且不違背國體論，那麼，究竟所謂 Democracy 平民道究竟跟主流的國家意識形態之具體關係為何？耐人尋味，值得注意。關於此，必須注意新渡戶如下之說明。

> デモクラシーは決して共和政体の意味にのみ取るべきものでない。もっとも共和政体とデモクラシーと関係の近いことはいうまでもない、けれどもこの両者が同一物でない、我国体を心配するものは右両者の関係近きがためであるけれども、近いがために危険視するのは取越苦労であって、君主国と専制国と関係甚だ近い、それ故に君主国を危険視するならばそれこそ危険の極でないか。僕の見る所ではデモクラシーは国の体でもないまたその形でもない、寧ろ国の品性もしくは国の色合ともいいたい。[21]

　　在此，新渡戶說 Democracy 雖與共和政體關係接近，但他認為 Democracy 並不是指共和政體，Democracy 是指國家之品性、性質，但它不是國體。換言之，可看出新渡戶是在強調平民道並不是當時一般所謂的那種要推翻君主國家政體的共和國政體。同時，新渡戶也還強調君主國家政體與專制政體關係接近，但君主

---

[21]　新渡戶稻造著、鈴木範久編，《新渡戶稻造論集》（東京：岩波書店，2007），頁 220-221。

國家不等於是專制國家。總之，很明顯的是，從新渡戶的主張可窺知新渡戶是擔心自己的 Democracy 平民道被誤解為挑戰天皇君主國家政體，因而特別強調 Democracy 平民道是指日本這個國家的品行、道德、性格，而不是指日本國體，簡而言之，新渡戶的 Democracy 平民道顯然是臣服於天皇制國家意識型態下而有的主張。

　　新渡戶在如上之發言後又接著再解釋如下。

　　　　僕のしばしば言うデモクラシーは我国体を害しないもの
　　　とはこの意味であって、この意味を解さないものは、吾
　　　国体を世界の趨勢、人類の要求、政治の大本より遠ざか
　　　らしむる危険なるものと言わねばならぬ。前に武士に先
　　　って武士道の大義が存在したと述べたと同じ理由により
　　　て、僕は政治的民本主義が実施さるるに先って道徳的と
　　　いわんか社会的といわんか、とにかく政治の根本義たる
　　　所にデモクラシーが行われて始めて政治にその実が挙げ
　　　られるものと思う。モット平たく言えば民本思想あって
　　　始めて民本政治が現われる。して民本思想とは前に述べ
　　　た平民道で、社会に生存する御互が貧富や教育の有無
　　　や、家柄やその他何によらず人格以外の差別によって相
　　　互間に区別を付けて一方には侮り、一方は怒り、一方は
　　　威張り一方はヒガみ、一方は我儘勝手の振舞あれば一方
　　　は卑屈に縮むようでは政治の上にデモクラシーを主張し
　　　てもこれ単に主張に終りて実益が甚だ少なかろう、トい
　　　って僕は然らば政治は圧制を旨としても思想的のデモク

　　ラシーを主張すれば足れりとは信じない。政治的の平等
と自由を主張する事は思想の上にデモクラシーを実現す
る助ともなることなれば、政治的民本主義も鼓吹すべき
であるけれども物の順序より言えば一般人民の腹の中に
平民道の大本を養ってその出現が政治上に及ぶというの
こそ順序であろう。[22]

　　在此，新渡戶首先就先直接說 Democracy 並不損害國體，會
有這種誤解的人就是遠離世潮流，在思想進展上，一般是先有民
本思想才能有民本政治，民本思想界就是平民道，就是全民無差
別、皆平等而彼此尊重，並以此社會道德為基礎，才能進一步主
張政治上的平等與自由，而在平民道上，人與人是人格上的差
異，並不是階級上的差異。

　　換言之，新渡戶所認為的 Democracy 不是指在政治制度上所
講究的 Democracy，而是重視在社會層面上去追求個個存在之間
的無階級差異，其所重視的是全民因個我性格上的差異而形成不
同的個個發展，而這些並不會和以君主為首的日本國體間有相互
違背，也更不是說就要主張去追求共和政體，新渡戶只是用
Democracy 平民道來描述日本當時國家意識形態下的人民所應有
的樣態。此外，新渡戶又以美國的 Democracy 來補充說明自己的
想法如下。

---

[22] 新渡戶稻造著、鈴木範久編，《新渡戶稻造論集》（東京：岩波書店，
2007），頁 221-222。

　　　　米国がデモクラシーの国というのは共和政治なるが故で
　　　　はない、彼らがまだ独立をしない即ち英国王の司配の下
　　　　に植民地として社会を構成した時に社会階級や官尊民卑
　　　　や男尊女卑の如き人格以外の差違を軽んじ、また職業に
　　　　よりて上下の区別をなしたり、家柄、教育を以て人の位
　　　　附を定める如き事なく、人皆平等、随って相互に人格を
　　　　認め、相互の説を尊重する習慣があったれば、今日米国
　　　　のデモクラシーが淵源深く基礎が堅いと称するのであ
　　　　る。[23]

　　新渡戶說美國的 Democracy 就不是共和政治，美國尚未獨立
前就是一個曾在英國君主支配下的社會，他們輕視官尊民卑、男
尊女卑、社會階級，也不以家庭出身及教育來判定區分個人，他
們是重視人與人之間自然所形成的人格上的差異及發展並相互給
予尊重，這就是美國 Democracy 的基礎。換言之，新渡戶所認為
的 Democracy 其實是側重人格上的差異以取代社會階級制度上所
形成的不平等對待。

　　以上可窺知如。第一，新渡戶稻造認為自己所主張的武士道
就是 Democracy 平民道，而平民道是指在新時代新社會裡武士道
面向全民的新稱呼，但基本上它還是一種忠君仁義道德，是指日
本國的國民性格與道德，而不是指日本的國體，因此 Democracy
平民道並不會和日本國體違背，第二，新渡戶的 Democracy 平民

---

[23]　新渡戶稻造著、鈴木範久編，《新渡戶稻造論集》（東京：岩波書店，
　　　2007），頁 222。

道所側重的並不是人民在階級上的差異，而是個個人民在人格上的差異。

　　新渡戶如此超越社會階級差異的 Democracy 平民道主張，就正如其自己所說的，在表面上確實看似和君主立憲制度不相衝突，但實際上則是令人不禁浮現許多問號及留白，先直接就結論而言，這種說法正猶如是戴著臣服於天皇君主國家意識型態體制的面具下而有的 Democracy 平民道主張。因為原本所謂政體的議題討論，除了需要討論政體思想基礎源頭之外，也還需要針對統治者與被統治者之間的關係進行討論，然而，新渡戶的主張卻欠缺對 Democracy 思潮基礎的基督教社會精神進行探討，而只有針對被統治者的樣貌進行討論，很顯然的他是迴避了對統治者的天皇進行討論，更遑論他有對統治者與被統治者兩者間的關係進行討論。最值得注意的是，新渡戶的字裡行間一直在強調解釋自己的 Democracy 平民道並不損害國體，也強調解釋自己並不是在主張追求那種推翻君主國家政體的共和國政體。進而言之，基督徒所主張的人格武士道從明治至大正，歷經和主流派對立並遭受其圍剿敗陣後，到了新渡戶，人格武士道則轉化成為 Democracy 平民道，轉化成為一種馴化於國家意識形態後而有的另類基督教武士道。換言之，Democracy 平民道其實就是一種馴化於國家意識形態後而有的基督教武士道，也可謂是一種戴著臣服於天皇君主國家意識型態體制假面下的 Democracy 平民道武士道。

四、結語

　　由以上論述我們可獲知，新渡戶稻造主張武士道就是

Democracy、平民道，並認為平民道是武士道主張的延伸，而平民道所重視的是人格發展所形成的差異，此內容與前述綱島、浮田二者的說法顯然有著異曲同工之妙。

　　因此，在此我們可清楚窺知由明治期至大正期，日本近代基督徒們所主張的人格武士道是由最初和主流派國體論的對立，最終到了大正時期新渡戶稻造的主張時，則改為巧妙的迴避了天皇君主體制的討論，他選擇戴上了臣服於天皇制國家意識型態的假面去主張人格武士道，至此武士道也搖身一變成了不與國體違背的 Democracy 平民道，此人格武士道當然也還是內含了忠孝武士道的忠君要素，正可謂臣服於天皇制國家意識型態體制的假面武士道。

　　換言之，在天皇制國家意識形態之高壓籠罩下，武德武士道終究仍是主流，而基督徒的人格武士道到最後則很明顯的選擇了向國體論傾斜成為另類的假面武士道，它是一種臣服於天皇制國家意識型態假面下所主張的 Democracy 平民道，而就另一種角度而言，如此的假面武士道的 Democracy 平民道，在性質上其實就是一種人格武士道在大正時期馴化於天皇制國家意識形態且結合大正民主思潮所形成的基督教武士道。

第六章　結　論

　　本書之研究主題為明治武士道，除探討明治武士道之外，更特別針對明治國家意識型態與武士道與近代基督徒此三者間的微妙關係進行討論，以此凸顯武士道在明治天皇制國家意識形態下所展現的殊貌，並進一步指陳明治武士道論述進入大正期，由基督徒新渡戶稻造所發展出來的Democracy平民道所具有的「假面武士道」特質。

一、明治武士道之內涵及性格

　　眾所皆知，武士道幾乎已成為日本或日本人精神之代名詞，近代之前，武士道一詞彙雖已零星出現但詞頻不高，直到明治32（1899）年基督徒新渡戶稻造的英文著述《武士道》一書出版問世後，武士道的存在才開始受到國際及日本國內的高度矚目，尤其是在甲午戰爭之後，維新後的新日本在政治、經濟、社會、軍事等各方面的具體改革成效已讓世界看見，然而，當時對於這個國際的後起之秀，世界所進一步感到好奇的是：在精神文化層面上日本人究竟有何特質？明治維新後的新的國民道德究竟為何？此類諸般疑問同時也在日本人自身的思維上醞釀發酵，進而促使近代日本人知識分子對於武士道展開摸索熱議，而本書即是

先針對明治期諸多武士道論進行研究後，歸納出明治武士道之內涵及性格如下。

第一，現代日本對武士道之關心亦呈現在小說及影視作品，刻畫明治武士道精神的歷史小說則以司馬遼太郎的《坂の上の雲》最引人矚目，並極具參考價值。筆者將《坂の上の雲》所描述之武士精神、以及實際上明治 30-40 年代（1897-1912）之武士道分別掌握之後再進行對照比較得知，其二者皆講究盡忠，重視俠義，具有武勇精神，而所謂明治武士道即是以忠孝為頂點，且由〈軍人敕諭〉與〈教育敕語〉的軍人道德與教育道德總括而成的「忠孝武士道」，然而，這個武士道在二戰期間則被利用當成政宣標語，也因此導致了在二戰後司馬遼太郎對其採取淡化處理以避免遭議，此特殊手法正無疑突顯出明治武士道於日本二戰後的學界及輿論界的高度敏感性。儘管如此，在司馬遼太郎的曖昧筆法下則處處無不宣洩出其意欲將明治期武士精神定位為日本傳統文化延伸之企圖。換言之，明治至二戰結束前的「忠孝武士道」即是明治武士道，這個武士道是講究重視忠誠、義理、武勇的精神，可謂江戶武士道傳統之延伸，而且我們在明治期的武官文人的認知中也可清楚確認到此「忠孝武士道」的確紮實妥定的存在，且「忠孝武士道」就是司馬遼太郎欲言又止卻呼之欲出並默默曖昧給予評價的明治武士道。

第二，明治期是一方面是王政復古、國家主義逐漸加溫的時代，一方面也同時是明治維新、西化科學顯學當道的時代，更同時是民間社會修養書風潮及傳統思想回歸動向開始出現的時代，尤其在歷經甲午、日俄兩次戰勝後，日本國民自信心高漲提升，人們也開始向傳統尋找國民自我內在形塑之根據，於是武士道一

概念亦成為炙手可熱之搶手議題，例如山岡鐵舟、新渡戶稻造、井上哲次郎三位思想人物也從各自不同之立場出發，各自勾勒描繪其武士道。首先，山岡鐵舟是承襲自武士傳統背景，他汲取佛禪，批判了當時科學至上、神佛分離、佛教批判等社會現狀，也抓住了神、儒、佛三要素而主張一種與神道為一體的「神儒佛三道一貫の大道」，鐵舟的這種武士道思維框架恐應源自傳統神佛習合的「三教枝葉花実論」。其次，武士家庭出身、後西化受洗的新渡戶稻造則是溝通了神、儒、佛、基，他將傳統武士道拉抬為一個與基督教相對之宗教道德體系，直接定義組織了佛、神、儒三要素之於武士道作用功能分別為：忠孝服從精神、生死觀、道德綱目，並主張武士道應依附於基督教得以存續發揮。而與此相對的是井上哲次郎的武士道，他認為武士道是一種實踐之精神，它無關任何宗教，井上肯定了〈教育敕語〉、儒教，認為儒教可以和德國觀念論之倫理學結合，然後再以武士道之實踐精神去實行，以此強化國家主義，井上同時也排斥佛、基並視之為迷信，但他卻對神道無所批判，他所主張的武士道是一種結合神道、〈教育敕語〉、儒教、西方道德之純道德主義。以上三者之武士道論可謂為一種以儒教及隱約存在的神道為其最大共通點的傳統思想再現。

二、明治國家意識型態下的假面武士道

　　最初明治武士道是由基督徒新渡戶稻造之著述而引發熱潮，然而，在其實際現實中，西方思潮強勢文化接收先端的基督教陣營卻與明治國家意識形態之間卻是處於既矛盾又衝突的緊張關

係，那麼，近代基督徒們在諸多爭議中，其主張的武士道又是如何的發展與變化？此亦為研究明治武士道時不可忽略看漏之問題，對此問題，本書針對基督徒與明治武士道之間的爭議以及其後續展開所討論之結果如下。

第一，明治後期之基督徒同時也是早稻田大學教授的浮田和民，他曾在明治輿論界引爆「佐藤対浮田論」的武士道大論戰，此論戰一開始其實是討論戰敗者究竟應該投降或自殺，但就其實質內容而論就是浮田他基於自己的基督教信仰及價值觀公開反對武士道價值觀裡的自殺切腹，因此而引來了陸軍少將佐藤正、東京帝國大學教授井上哲次郎等數位菁英之圍攻批判，作為少數派的浮田，他雖然反對切腹，但其實他並不反對武士道的大和魂，他其實只是反對以武魂、軍魂來定義窄化武士道，他所要主張的是一種可擴及至四民平等社會的人格武士道，並企圖想藉此讓武士道發展出可適用於經濟社會的商魂等人格，進而此寄予要讓偏重武德的傳統武士道得以脫胎換骨，然而，此想法終究仍敵不過以武德為中心的武士道的主流派主張。換言之，原本在「佐藤対浮田論」中，武士道原本具有擺脫偏重武德、武魂傾向的可能性，然而，隨著浮田的敗陣遭挫，反倒是讓偏重武德武魂的武士道一舉成為帝國菁英所公認的日本精神，進而順勢成為後續連結至軍國主義思想基礎之前身。

第二，所謂人格武士道並非是上述浮田和民一人的獨家論述，著名的基督教思想家綱島梁川也曾針對「佐藤対浮田論」公開發表了「武士道と人格の観念」一文，綱島梁川也大談人格與武士道的問題，綱島所主張的人格武士道雖也重視依據天道、人道，但他更重視依據「天地一大人格」的基督精神。換言之，綱

島的人格武士道其實就是建立在以基督教信仰鞏固人格觀念之思想基礎上所形成的主張，就此而言，綱島與前述的浮田二者皆凸顯了基督教陣營的與國際思潮接軌融合後所主張的人格武士道，並且也凸顯了他們與主流派的武士道之間的遙遠距離及對立關係。另一方面，在時間上緊接在此二者之後的是新渡戶稻造的平民道，新渡戶說他自己認為平民道就是他之前所說的武士道的後續延伸，這個武士道就是 Democracy、平民道，而平民道所重視的是人格發展所形成之差異，重點是這個 Democracy、平民道和國體論並不相違背。至此可清楚窺知新渡戶之論述與前述綱島、浮田二人的說法之間實有異曲同工之妙，此外，亦可清楚窺知自明治至大正，日本近代基督徒們所主張的人格武士道是由最初的和主流派的對立，而最終到了大正時期，新渡戶顯然改為巧妙的迴避了和國體論之間的衝突，換言之，新渡戶他可以說是選擇戴上了臣服於天皇君主國家意識型態體制的假面去主張武士道，至此武士道搖身一變成了一個絕對不和國體違背的 Democracy 平民道。自另一個角度而觀之，此假面武士道的 Democracy 平民道，在性質上其實就是一種人格武士道在大正時期馴化於天皇制國家意識形態且結合大正民主思潮所主張的基督教武士道。

　　明治維新，明治天皇宣布王政復古，所謂祭政教三管齊下逐步形成了以現人神天皇、神道為核心的天皇制國家意識形態，在此意識形態之下，日本於明治期歷經了在政經社軍上的急速西化大幅改革以及在文化思想上的基督教文明洗禮，爾後於大正期又迎來了人格主義、民主主義等新思潮衝擊，而伴隨王政復古新體制的啟動，此時期的人們一方面也向傳統精神尋求新日本的國民

道德的依據，於是基督徒新渡戶稻造向世人揭示高舉了武士道，而此明治武士道其實就是「忠孝武士道」，也是天皇制國家意識形態的立體側面，它與天皇制國家意識形態一同引導日本直至二戰結束。日本近代基督徒不僅是最初引發了國際及日本國內對武士道的討論關注，並且也於明治輿論界更引爆了武士道大論戰，並陸續發展出人格武士道、平民道武士道。而也正如同基督徒馴化妥協於天皇制國家意識形態一般，基督徒所主張的人格武士道亦與主流派的武德武士道之間，逐步由對立走向妥協，甚至最終主張了一種融合了基督教、人格主義、民主主義並且不違背神道皇國國體的 Democracy 平民道。

附論　評張崑將教授之
《電光影裏斬春風：武士道分流
與滲透的新詮釋》

　　日本人之心猶如櫻花，日本人之代表精神即武士道，此乃現今日本論之主流，以櫻花比喻大和魂者，乃以江戶國學者本居宣長之和歌「若人問起大和心，譬如朝日輝映山櫻」為代表，其旨在以此「大和心」與「漢意」做區別[1]，至於日本人之武士道精神一詞，則遲至明治時期新渡戶稻造之《武士道》（*Bushido: The Soul of Japan*）一書問世之後，「武士道」才候乎聞名國際，此著作則意在以武士道向西方世界出示一套與基督教相當之道德體系[2]。爾後，幾經時間流轉，大和魂與武士道，至後竟成

---

[1]　如前所述，本居宣長之和歌原文為「敷島の大和心を人問はば朝日に匂ふ山桜花」，「敷島」為和歌之枕詞，「大和心」即為日本心之意，與「漢意」為相對之用語，「漢意」則指受中國文化影響之思維。

[2]　新渡戶稻造《武士道》1900 年在美國出版後，備受注目，亦喚起了日本國內對武士道之關心，武士道論亦紛紛出現，關於明治時期武士道論之出現，除西化、國家主義之外，尚必須注意其與傳統思想之關係，可參考簡曉花，〈明治 30-40 年代における武士道論に関する一考察—伝統思想への反省を中心に—〉，《臺大日本語文研究》第 31 期（臺北：臺灣大學日本語文學系，2016），頁 129-153。

為軍國主義之政治宣傳工具，以致戰後乃至今日，依然令不少人
對大和魂及武士道敬而遠之。

一、前言

　　那麼武士道究竟為何？大和魂以及那套所謂與西方基督教相
當之武士道，又究竟是如何的蒙上軍國主義色彩？處理如此大哉
問，除須將眾多時空之政經背景納入視野之外，無疑的還更須將
諸多思想營為與操作等亦列入考慮要素，也因此使得武士道研究
之難度格外艱深。回顧歷來之武士道研究，正如本文所欲評介之
著作（下略稱「本書」）中所羅列的，自歷史源流至制度乃至當
代應用研究、功過評價等等，五花八門，琳瑯滿目，然而，對於
武士道於近代之發展脈絡，真正具總體組織性之看法者，乏善可
陳，對此，本書則嘗試以倫理思想史研究之角度出發，承接於丸
山真男所揭示之思想史研究類型定義之後[3]，重新提出一種歸納
方式及詮釋，以此挑戰武士道研究之難題。
　　本書之著者張崑將教授，現任臺灣師範大學東亞學系教授，
其專業領域為東亞儒學、日本思想史等，張教授之研究工作紮
實，著有《德川日本「忠」「孝」概念的形成與發展：以兵學與

---

[3]　關於張崑將教授所引丸山真男之三種思想史有「教義史（History of
　　doctrine）」、「諸々の観念の歷史（History of ideas）」、「時代精神
　　あるいは時代思潮（Zeitgeist）」，相當有意義。謹慎起見，建議可直
　　接參考以下丸山真男，〈思想史の考え方について—類型・範囲・対象
　　—〉，收錄於武田清子編，《思想史の方法と対象—日本と西欧—》
　　（東京：創文社，1961），頁6-9之初出稿之原文。

陽明學為中心》、《日本德川時代古學派之王道政治論：以伊藤仁齋、荻生徂徠為中心》、《德川日本儒學思想的特質：神道、徂徠學與陽明學》、《陽明學在東亞：詮釋交流與行動》等書，近年更稟其深厚之東亞儒學研究基礎，切入武士道研究，成果豐碩，且曾主導召開武士道學術研討會[4]，引領國內之武士道研究，本書之出版即可謂著者投入武士道研究工作多年之總體呈現。

二、本書內容之介紹

本書之問題意識乃針對日本武士道倫理之轉型發展為對象，以「分流」與「滲透」為武士道之歸納新詮釋，並以「相嵌倫理」為方法，分章剖析武士道轉型後呈現「分流」之現象，依序介紹禪宗、儒教、神道、基督教分別匯入之情形，進而探討武士道於女性、商人層面「滲透」所形成之現象，以此呈現歷來研究所未見之武士道論述模式，其各章內容概要如下。

1. 第一章

第一章「作為『分流』與『滲透』詮釋概念的武士道」，乃將目前之武士道研究進行簡略回顧，整理出六大類，分別為：歷史源流發展、制度或制度史、反省軍國主義的研究、當代應用的武士道研究、跨境文化比較研究、精神倫理或思想觀念史的研

---

[4]　張崑將教授曾主辦召開兩場武士道研討會，2009 年的「東亞視野中的日本武士道與文化」國際學術研討會、以及 2014 東亞視野中的日本武士道之轉型與分流國際學術研討會，均為國內罕見之武士道研討會。

究。著者特別將最後一類列成重點，篇幅介紹，並以此帶入著者所欲提出之武士道研究之新詮釋概念即「分流」與「滲透」，並以「如何匯流」為關鍵問題，提出以「相嵌倫理」為關鍵概念，再區分出四大類型武士道為「禪武相嵌」、「儒武相嵌」、「神武相嵌」及「基武相嵌」，又以「女武士道」、「商人道」為四大類型之應用，於此開立本書之整體架構。

2. 第二章至第三章

第二章「禪學與武士道」中，闡述佛教禪宗與日本武士兩者之關係密切，以宮本武藏與柳生宗矩為中心，說明劍術家對禪學的「平常心」、「空」、「無」之深刻體認，並比較禪、武之「悟」以及「戒律」、「忍辱」功夫，總結指出日本之「忍」字精神帶有禁欲色彩，是比較接近佛教的「忍」功夫，並直引柳田聖山之說法主張：日本禪學與國家主義之間的連接關係是一種「禪通俗化」之結果。

第三章「儒家倫理與武士道：赤穗復仇事件呈現的倫理爭議」中，首先以赤穗事件引發的武士倫理爭議為引線，針對支持復仇武士屬「大義」之說法，深入赤穗復仇事件所涉及之「春秋大義」進行考察，指出其爭議之根據其實乃各自直接來自《春秋》、《禮記》、《公羊》、《穀梁》，文末點出中國天子君臣關係與日本主從關係之差異形成了「士道」與「武士道」之間之差異。

3. 第四章至第五章

第四章「武士道的意象：神話、歷史、戲劇與象徵物」，通

過探索日本神話、傳說、戲劇、櫻花等當中之武士意象，指出其
間之「神武相嵌」課題，例如記紀傳說中所呈現之「以武立
國」、「神武合一」，以及源義經、楠木正成、赤穗四十七士、
吉田松陰、西鄉隆盛等武士道精神代表人物所展現之忠勇，還有
本居宣長和歌中，將大和魂喻為輝映朝日的山櫻，甚至後來被吉
本襄闡述成具有高潔氣象，一旦遇春風，群舞紛飛，意氣激昂，
視死如歸等等，緊扣武士精神。

　　第五章「基督教義與武士道」中，先簡略回顧日本基督教之
發展史，點出武士倫理與基督教信仰間之緊張性關係，再指出近
代之基督教武士道之出現，以及此持論者們之武士家庭出身背
景，並介紹當時所認為的基督教與日本「民族相應說」、「耶穌
具武士氣質說」、「忠孝素養說」等諸多說法，且以此為基礎，
聚焦於四位典型人物：海老名彈正、植村正久、新渡戶稻造、內
村鑑三，將其四人之「基督教化的武士道論」，以「基督教」、
「武士道」之關係為關鍵概念，分別將其論述分類成「進化
型」、「感化型」、「養育型」、「接合型」。最後，總結點出
基督教武士道擺盪於「國家主義」與「國際主義」之間的矛盾。

4. 第六章至第七章

　　著者將第六章、第七章定位為武士道「相嵌倫理」的應用倫
理。第六章「『女武士道』的建構與物語化」中，先針對江戶時
代武家女德的養成教育進行概述，並指出儒家教義的母德、妻德
之論述到了吉田松陰則轉而出現剛毅武勇之形象，凸顯出皇國武
家之形象，接著分析整理出近代論述中的「女武士道」之各類形
象，例如神女或女天皇、家督領主、軍事武勇、堅忍母德、妻

德，進而指出明治維新以後，在忠君愛國教育中，「女武士道」中武家盡忠之女武士被大量「物語化」之情形。

第七章「武士道與商人道」中，先是針對江戶初中期的「商人道」與武士道之關係剖析，例如鈴木正三的佛教修行式的商人倫理、西川如見的理學商人倫理，再指出江戶中末期乃商人道與武士道關係之成熟期，具體個案例如石田梅岩、中井履軒、片山蟠桃、海保青陵，其人皆透過解釋《論語》、《孟子》等，或者正視商人求利之合理性及根本性、或者提出「武士無用論」、否定「為富不仁」，接著，於明治維新後武士道與商人道之融攝倫理部分，則分析澀澤榮一之「士魂商才」、「利義兩全」論、以及新渡戶稻造所強調之「重義知恥」之商人道，並於末語點出商武融攝之特質其實乃助長了軍國主義。

5. 第八章

第八章「結論」，首先，針對武士道的「發明」與「發現」問題，認為武士道之多元多樣，乃存在於「發明」與「發現」之間。其次，指出武士道之修養有別於儒家之修養論，是講究「尚武」式之修養論，重視的是「行動的純粹性」其旨在「忠魂」的修練。最後，指出於全球化的時代，以過去武士道複雜多元之展開，依然可期待武士道今後於各文化階層之發展。

三、評論

本書之各章概要如上所述，內容豐富，包羅萬象，其優點諸多，尤其是於方法論上之進步意義，值得特書讚許，對此分兩點

簡述如下。

1. 本書之優點

(1) 武士道研究領域上，「分流」與「滲透」之歸類方式，極具意義。

　　武士道研究領域中，關於「武士道」語彙之出現時期，就目前研究所知，與「武士道」相當之觀念，至晚於戰國既已出現[5]，歷經江戶時代，作為幕藩體制之意識型態發展至成熟，又至明治時期又經多人之鼓吹，「武士道」一語彙概念遂得以有多元之飛躍式進展，對此諸多武士道之發展現象，現今學界則有以武士道之「轉型」稱之[6]。本書對此諸多武士道之發展「轉型」，鎖定武士道與各思想禪、儒、神、基融合現象特稱之為「分

---

[5]　「武士道」此一語彙之出現考證可參考笠谷和比古，《武士道—侍社会の文化と倫理—》（東京：エヌティティ出版，2014），頁 3-94 之第一章「武士道という語の登場」，此可謂最新之研究。

[6]　關於類似武士道轉型之說法，唐利國，《武士道與日本的近代化轉型》（北京：北京師範大學出版社，2010）針對武士道與日本的近代化轉型，乃以自山鹿素行至吉田松陰之武士道論為主體，主張此武士道論在吉田松陰思想之後期，其論述之忠誠意識乃由原本多元重層式之模式轉變為對天皇一元化之忠誠，換言之，乃轉變成一種帶有「一君萬民」的具近代性之忠誠思想，本書特稱此為「日本近代化轉型期武士道的演變」，並以此延伸順論述至明治。唐氏此書之武士道轉型說法，實質上乃聚焦於吉田松陰武士道論之重要性，且對於明治之發展論述，亦是側重在吉田松陰武士道論之影響，對於所謂武士道之轉型論述，並不具有全面性覆蓋之結構。相對於此，張崑將教授本書，主張武士道因應時空環境變異而發展出適應新時代之「新武士道」，且給予「分流」、「轉型」等明確定義，並以此涵蓋武士道之整體發展。

流」，對於其間之倫理接合之具體方式則以「相嵌倫理」稱謂，而該思想「滲透」至日本各階層，影響所及進而構成諸多類比武士道之倫理，在本書對此則特以女性、商人階層為例，各闢專章展開探討；此外，對於明治時期國家主義武士道、基督教武士道等紛紛出現之現象，著者則又細分以水源、水系之流動形成概念統括。總之，著者提出以「分流」與「滲透」關係去詮釋武士道之整體發展，以及武士道於近代轉型後百花齊放之現象，均可謂提出耳目一新之歸納方式，此乃前所未見，別具意義。

(2) 研究方法上，有別於一般武士道研究，「相嵌倫理」具有其獨特性。

如上所述，著者對於武士道與禪、儒、神、基各自匯流之現象，稱之為「分流」，其具體所形成之倫理，則以「相嵌倫理」[7]去解釋，並以工藝鑲嵌之概念譬喻說明，分別將禪、儒、神、基各思想局部分別與武士道與各倫理融會之現象，依分流屬性拆解成四區塊：「禪武相嵌」、「儒武相嵌」、「神武相嵌」及「基武相嵌」。目前學界對於思想間之交涉或融匯，或以「折衷」、「包攝」、「融攝」等諸多概念稱之，著者有別於此，特重新提出「相嵌」之概念囊括，相較而言，「相嵌」之詞義更為具體具態，富有創意，此亦為前所未見，值得肯定。

2. 本書之疑點與建議

本書之亮點如上，但同時亦存在著值得吟味之疑點與必須建

---

[7]　根據張崑將教授本書之註釋說明，「相嵌倫理」概念乃出自其與江燦騰教授之討論所得。

議之處，筆者管見，嘗試分如下三小點說明。

（1）「女武相嵌」、「商武相嵌」與前四章之設定落差，有待加強釐清。

首先，著者於第六章、第七章有提及「女武相嵌」、「商武相嵌」，此二語應是對應前面第二章至第五章共四章的「禪武相嵌」、「儒武相嵌」、「神武相嵌」及「基武相嵌」而有。然而，問題是「禪宗」、「儒教」、「神道」、「基督教」，與「女性」、「商人」，此二類顯然是無法置於對等之概念類別，且其各自語彙所延展之內涵、重量亦無法對等。禪、儒、神、基各自為一套宗教倫理，以思想源頭之姿態各自融入武士道，並發酵豐富了武士道倫理之形成與發展，相對的，試問，「女性」、「商人」又該以何種思想源頭融入武士道？另一方面，依整體內容而言，本書所謂的「女武相嵌」、「商武相嵌」，似乎應該是針對「女性倫理」與「商人倫理」與武士道間之相互融滲而言，若即便是如此，「禪宗」、「儒教」、「神道」、「基督教」，與「女性倫理」、「商人倫理」，此二類依然是無法置於對等之概念類別，實際上，本書所謂「女武相嵌」、「商武相嵌」二章之內容應是指各思想源頭「相嵌」後「滲透」社會各階層之產物，而並非是指思想源頭倫理概念間之「相嵌」，要言之，此二章段落與前面四章，在上位概念設定上既已存在著明顯之落差。

其次，案武士道原為武士階級之道德，進入近代後，為了達成脫亞入歐，與西歐展現同步文明，明治政府乃開始積極標舉四民平等，振興經濟，加之一連串改革下，社會逐漸出現了棄武轉商之階級性的實質位移，女子教育機構亦急速林立，因此女性與商人原本在江戶是被鄙視之階層存在，逢此社會巨變，亦獲重新

審思，明治高唱武士道，自然亦不能無視上述社會階層變動所產生之需求，故「女武士道」、「商人道」之提倡發展便自然因應而生。暫且不談「女武士道」、「商人道」其實質內容為何，個人以為，與其說「女武士道」、「商人道」與武士道各自相嵌，倒不如應該說「女武士道」或「商人道」乃類比武士階層之武士道而有，此說法或許會比較接近事實，因為至少澀澤榮一的「義利兩全」的主張似乎是澀澤欲以武士道作為「實業道」而有的，且新渡戶稻造之商人道所謂的「重義知恥」更正直接挑明自己是比擬武士道之道德後而有。要言之，於「女武士道」、「商人道」二章之「類比」不宜與前四章之「相嵌」混淆等同。

　　總之，「女武士道」、「商人道」性質異於前四章，應是指思想源頭倫理概念間之「相嵌」後「滲透」至社會各階層之產物，此「滲透」或「應用」其實質上則較接近類比武士道而有之內容，而此二者之類比倫理是否就可以直接以「女武相嵌」、「商武相嵌」稱之？恐需再行斟酌為宜。

(2)「基武相嵌」與「禪武相嵌」、「儒武相嵌」相形遜色，有待充實。

　　按著者「相嵌倫理」之說法，詳言之，就是意味著將禪、儒、神、基各自倫理之局部材料鑲嵌到武士道，是故著者於後續幾章，依序鋪排展開，並於各章更分別考證，在哪些思想家的論述裡，具體的是以禪、儒、神、基裡的哪個局部材料為對接，又是將此局部材料如何的鑲嵌到對接之武士道之局部。整體而言，「禪武相嵌」、「儒武相嵌」之鑲嵌材料論述，最為清楚精彩，非常值得圈點喝采，然而，至於「基武相嵌」，由於這章之展開是以「基督教」、「武士道」之關係為關鍵概念，於是乎導致其

主要論述則著重在將四位基督教徒代表人物，對海老名彈正、植村正久、新渡戶稻造、內村鑑三進行類型區分。

　　然而，問題是對於四位基督教徒代表人物之「基武相嵌」倫理之各自鑲嵌對接部位究竟何在？俯瞰全章，除了在植村正久之一節中有一段舉出《聖經》〈哥林多前書〉第 16 章 13 節「要作大丈夫、且要剛強」、「皆要以愛心而行」可窺出「基武相嵌」之痕跡，此外，其他人之情形就相對的就顯得相當曖昧不明，嚴密而言，其實「神武相嵌」亦有類似問題，只是在神道思想論述及體系上，原本在材料上就相對薄弱，困難重重，筆者自然無法也不應該苛求。但就筆者所知，至少基督教之部分，應可再耕耘。

　　筆者嘗試以拙著作[8]例如新渡戶稻造其實對傳統思想「克己」有一定程度之探索，新渡戶先是在《武士道》特設「克己」一章，之後於明治 44（1911）年也著有暢銷大作《修養》，在《修養》中，新渡戶針對「克己」，提出「默思克己」之基儒折衷之獨特主張，認為應以基督教之「默思」去完成「真己」・「心我」・「人身之神性」之實踐；其中，所謂「真己」・「心我」即是源自佐藤一齋《言志四錄》之概念。此外，新渡戶也在《修養》一書中，將佐藤一齋《言志四錄》的「天己合一」詮釋成「神己合一」，又將一齋的「心我」、「身我」詮釋為基督教之人身之神性與惡魔，諸如此類種種，細微之處或尚有再行推敲之需要，但此類皆何嘗不可謂為「基武相嵌」之例證，乃不容忽

8　詳參簡曉花，《新渡戶稻造研究──『修養』の思想》（臺北：南天書局，2014）。

視，值得考量。

(3) 武士道之「忠」含對「主君」、對「御家」雙重性格，可再著墨發揮。

　　根據武士道之組織研究顯示[9]，武士道之「忠」乃具有對「主君」與對「御家」之雙重性格，換言之，除了武士對「主君」個人盡忠之外，還必須對「御家」之集團組織盡忠，除了忠誠之外，武士道尚且講究武士個體之自立性、獨自判斷思考[10]，武士以此完成對「主君」與「御家」之「忠」。

　　換言之，武士制度下，主君尊重武士個體之自立性、獨自之判斷思考，武士以此執行對「主君」與「御家」盡忠，此盡忠則是對著「主君」個人之同時也是對著「御家」集團的，此二者之方向，其理想、經常之狀態是保持一致協調的，然而，卻偶爾也有矛盾衝突之時刻，因此武士組織裡另有其「押込」獨特之不成文慣例，即當主君有嚴重過失無可救藥之情形發生時，「家老」首席重臣會連結中堅家臣聯袂出現於主君前，陳詞諫言，逼退主君強行隱居，或強制隔離，進行一段觀察期間，再讓其復位。

　　簡言之，對「主君」個人的「忠」與「御家強み」即強化主君之家、或強化集團組織之「忠」，兩者乃同時並進，正因如此多義複雜之性格，是故無論是在武士之行動倫理或倫理詮釋上等

9　關於日本組織及武士道慣行，可參考笠谷和比古，《武士道と日本型能力主義》（東京：新潮社，2005）及其一系列研究。

10　武士道對重視武士個體之自立性，以相良亨之研究為最具代表性，參照相良亨，〈近代日本と武士道精神——一つの問題提起——〉，收錄於西村道一編・相良亨著，《相良亨著作集 3 ——武士の倫理・近世から近代へ——》（東京：ぺりかん社，1993），頁 459-477。

實際層面，經常會導致各種看似矛盾對立但卻又並列存在之情形發生。著者於江戶武士道或江戶儒學倫理，長年耕耘有成，日後或應可在此多著墨發揮，以更豐富其後續研究。

四、結語

　　本人自知才疏學淺，於東亞儒學研究之涉獵寡陋粗鄙，實不足以擔當此大作之評介，然以一酬學恩之初衷，承蒙引介，野人獻曝，忝為此文。上述大略評介，對於武士道究竟為何？本居宣長的櫻花大和魂以及新渡戶稻造的《武士道》（*Bushido: The Soul of Japan*）所言之武士道，其究竟何以成為軍國主義之工具？對此武士道研究之大哉問，幾經著者之「分流」與「滲透」之武士道發展歸納方法、以及武士道內藏之「相嵌」倫理，再加之自上代至江戶、明治至戰中之研究涵蓋廣度，幾度交會照射下，相信有一半以上之解答，已不言自明，且歷來研究之空白，亦得以局部填補。然而，同時也經由著者之獨特詮釋，餘音繞樑所致，原本多義複雜之武士道倫理，再向深層推敲，亦衍生不少問號與存疑，不禁令人殷殷期盼其日後能有更精細之呈現，資助解惑，並為學界再添佳音。

引用書目

司馬遼太郎，《坂の上の雲》（一）（新装版）（文春文庫）（東京：文藝春秋，2010），頁 16、135。

司馬遼太郎，《坂の上の雲》（二）（新装版）（文春文庫）（東京：文藝春秋，2010），頁 282、284、302。

司馬遼太郎，《坂の上の雲》（三）（新装版）（文春文庫）（東京：文藝春秋，2010），頁 130。

司馬遼太郎，《坂の上の雲》（四）（新装版）（文春文庫）（東京：文藝春秋，2010），頁 369、382。

司馬遼太郎，《坂の上の雲》（五）（新装版）（文春文庫）（東京：文藝春秋，2010），頁 59、144-145、168、169。

司馬遼太郎，《坂の上の雲》（七）（新装版）（文春文庫）（東京：文藝春秋，2010），頁 185、215、280。

司馬遼太郎，《坂の上の雲》（八）（新装版）（文春文庫）（東京：文藝春秋，2010），頁 250、253、259、298、303-304。

新渡戶稻造著、鈴木範久編，《新渡戶稻造論集》（東京：岩波書店，2007），頁 215-222。

新渡戶稻造全集編集委員會所編，《新渡戶稻造全集》，v.1《武士道》（東京：教文館，2001），頁 35、36、38、30、120、29、130、133、137-138。

浮田和民，《社会と人生》（東京：北文館，1915），頁 90-91、92、94、94-95、96、98、100-101。

浮田和民，《文明の世》（東京：博文館，1915），頁 130、135、136、

136-137。

乃木希典述、岡本学編，《修養訓》（東京：吉川弘文館，1912），頁 35-
　　38、40-41。

有本天浪，《古武士の堪忍袋》（東京：自省堂，1910），序文。

干河岸貫一，《修養美譚》（東京：丙午出版社，1910），頁 1-2。

茅野勇記，《精神之修養》（東京：兵林館，1908），頁 11-13。

綱島梁川著，《梁川文集》（東京：日高有隣堂，1905），頁 355、361、
　　364-367、369、371。

秋山梧庵編，《現代大家武士道叢論》（東京：博文館，1905），頁 230-
　　231、231、236、237-238、242-243、243-244、248、249、249-
　　250、257、260、268、272。

山岡鐵舟述・安部正人編，《武士道》（東京：光融館，1902），頁 10、
　　46-47、58、26、169、228-229、230-233。

井上哲次郎，《巽軒講話集（初編）》，（東京：博文館，1902），頁
　　34、34-35、76、100-101、118、121、375、370、371、328-329、
　　76-77、329。

參考書目

A. 專書

前田啓一，《明治サムライ時代論：明治維新は「戦う自由」を解放した》（兵庫縣：學術研究出版，2023）。

古莊匡義，《綱島梁川の宗教哲学と実践》（京都：法藏館，2022）。

簡曉花，《當天皇 vs. 上帝時：近代日本基督徒如何避免信仰衝突？》（臺北：臺灣學生書局，2021）。

孫道鳳，《日本大正民主主義思想研究》（北京：中國社會科學出版社，2020）。山崎雅弘，《戦前回帰「大日本病」の再発》（東京：朝日新聞出版，2018）。

山崎雅弘，《日本会議 戦前回帰への情念》（東京：集英社，2016）。

青木理，《日本会議の正体》（東京：平凡社，2016）。

張崑將，《電光影裏斬春風：武士道分流與滲透的新詮釋》（臺北：國立臺灣大學出版中心，2016 年）。

韓東育，《從「請封」到「自封」：日本中世以來「自中心化」之行動過程》（臺北：國立臺灣大學出版中心，2016）。

榮田卓弘，《浮田和民物語》（東京：日本評論社，2015）。

笠谷和比古，《武士道—侍社会の文化と倫理—》（東京：エヌティティ出版，2014）。

簡曉花，《新渡戶稻造研究——『修養』の思想》（臺北：南天書局，2014）。

鄭玹汀，《天皇制国家と女性—日本キリスト教史における 木下尚江—》（東京：教文館，2013）。

土肥昭夫，《天皇とキリスト：近現代天皇制とキリスト教の教会史的考察》（東京：新教出版社，2012）。

土肥昭夫，《キリスト教会と天皇制——歴史家の視点から考える》（東京：新教出版社，2012）。

島薗進，《日本人の死生観を読む：明治武士道から「おくりびと」へ》（東京都：朝日新聞出版，2012）。

張崑將，《陽明學在東亞：詮釋交流與行動》（臺北：國立臺灣大學出版中心，2011）。

唐利國，《武士道與日本的近代化轉型》（北京：北京師範大學出版社，2010）。

Alexander Bennett，《武士の精神とその歩み—武士道の社会思想史的考察—》，（京都：思文閣出版，2009）。

土居健郎，《甘えの構造》（東京：弘文堂，2007）。

李御寧，《「縮み」志向の日本人》（東京：講談社，2007）。

張崑將，《德川日本儒學思想的特質：神道、徂徠學與陽明學》（臺北：國立臺灣大學出版中心，2007）。

安倍晉三，《新しい国へ 美しい国へ》（東京：文藝春秋，2006）。

簡曉花，《新渡戶稻造研究——『武士道』とその後》（臺北：南天書局，2006）。

Ruth Benedict，《菊と刀》（東京：講談社，2005）。

北影雄幸，《決定版 司馬史觀がわかる本 明治史觀編》（東京：白亞書房，2005）。

佐藤弘夫，《日本思想史》（京都：ミネルヴァ書房，2005）。

笠谷和比古，《武士道と日本型能力主義》（東京：新潮社，2005）。

藤原正彦，《国家の品格》（東京：新潮社，2005）。

末木文美士，《明治思想家論（近代日本の思想・再考）》（東京：トランスビュー，2004）。

石原靖久，《司馬遼太郎の「武士道」》（東京：平凡社，2004）。

北影雄幸，《司馬遼太郎作品の武士道》（東京：光人社，2004）。

菅野覺明，《武士道の逆襲》（東京：講談社，2004）。

張崑將，《德川日本「忠」「孝」概念的形成與發展：以兵學與陽明學為中心》（臺北：國立臺灣大學出版中心，2004）。

張崑將，《日本德川時代古學派之王道政治論：以伊藤仁齋、荻生徂徠為中心》（臺北：國立臺灣大學出版中心，2004）。

李登輝，《武士道解題——ノーブレス・オブリージュとは》（東京：小學館，2003）。

姜克實，《浮田和民の思想史的研究：倫理的帝国主義の形成》（東京：不二出版，2003）。

笹井大庸，《キリスト教と天皇（制）——キリスト教界を揺るがす爆弾発言》（千葉：マルコーシュパブリケーション，2003）。

大內三郎，《植村正久——生涯と思想》（臺北：日本キリスト教團出版局，2002）。

武田清子，《植村正久——その思想史的考察》（東京：教文館，2001）。

佐波亘編，《植村正久と其の時代》（東京：教文館，2000）。

丸山真男，《丸山眞男講義録》〈第 5 冊〉日本政治思想史 1965（東京：岩波書店，1999）。

茅野良男編、藤田正勝編，《転換期としての日本近代——日本人が体験した歴史からの思考》（京都：ミネルヴァ書房，1999）。

司馬遼太郎，《この国のかたち》〈1〉（東京：文藝春秋，1996）。

筒井清忠，《日本型「教養」の運命—歴史社会学的考察—》（東京：岩波書店，1995）岩波現代文庫所收（2009）。

井上哲次郎監修、佐伯有義、植木直一郎、井野辺茂雄共編，《武士道全書》第 1-12 卷（東京：國書刊行會，1998）。

Eric Hobsbawm、Terence Ranger 著、前川啓治、梶原景昭訳，《創られた伝統》（東京：紀伊國屋書店，1992）。

司馬遼太郎，《「明治」という国家》（東京：日本放送出版協會，1989）。

松下菊人，《国際人・新渡戸稲造》（東京：ニューカレント インターナショナル，1987）。

福沢諭吉著、永井道雄編，《日本の名著 (33)福沢諭吉》（東京：中央公

論社，1984）。

虫明皑・行安茂編，《綱島梁川の生涯と思想》（東京：早稲田大學出版
　　部，1981）。

安丸良夫，《神々の明治維新——神仏分離と廃仏毀釈》（東京：岩波書
　　店，1979）。

家永三郎，《日本道徳思想史》（東京：岩波書店，1977）。

川合道雄，《綱島梁川の宗教と文芸》（東京：新教出版社，1973）。

B. H. Chamberlain 著・高梨健吉譯，《日本事物誌 1》（東京：平凡社，
　　1969）。

中根千枝，《タテ社会の人間関係》（東京：講談社，1967）。

和辻哲郎，《日本倫理思想史》上（東京：岩波書店，1952）。

佐伯有義、植木直一郎、井野辺茂雄共編，《武士道全書》第 1-9 卷（東
　　京：時代社，1942-1943）。

橋本実，《日本武士道史研究》（東京：雄山閣，1934）

井上哲次郎、有馬祐政共編，《武士道叢書（上卷）》（東京：博文館，
　　1906）。

井上哲次郎、有馬祐政共編，《武士道叢書（中卷）》（東京：博文館，
　　1909）。

井上哲次郎、有馬祐政共編，《武士道叢書（下卷）》（東京：博文館，
　　1913）。

新渡戸稲造著、櫻井鴎村譯，《武士道》（東京：丁未出版社，1908）。

B. 專書論文

姜克實，〈浮田和民の帰一理想—帰一協会との関わりについて—〉，見
　　城悌治編《帰一協会の挑戦と渋沢栄一：グローバル時代の「普
　　遍」をめざして（渋沢栄一と「フィランソロピー」2）》（京都：
　　ミネルヴァ書房，2018），頁 54-75。

相良亨，〈近代日本と武士道精神——つの問題提起—〉，收錄於西村道
　　一編・相良亨著，《相良亨著作集 3 —武士の倫理・近世から近代
　　へ—》（東京：ぺりかん社，1993），頁 459-477。

丸山真男，〈思想史の考え方について―類型・範囲・対象―〉，收錄於武田清子編，《思想史の方法と対象―日本と西欧―》（東京：創文社，1961），頁 6-9。

B. H. Chamberlain，The Invention of a New Religion（LONDON: WATTS&CO., 1912），〈武士道―新宗教の発明―〉B. H. Chamberlain 著・高梨健吉譯，《日本事物誌 1》（東京：平凡社，1969），頁 86-102。

C. 期刊論文

ムスタツェア アレクサンドラ，〈講演 明治期のジャパノロジーにおける武士道：フランシス・ブリンクリーの「Japan: Its History, Arts, and Literature」を中心に〉，《神田外語大学日本研究所紀要》15（千葉：神田外語大學日本研究所，2023），頁 72-63。

堀川峻、酒井利信、大石純子，〈井上哲次郎の武士道思想に関する一考察：近代武士道隆盛以前からの連続性に着目して〉，《武道学研究》55 (1)（東京：日本武道學會，2022），頁 13-26。

久保優樹、武井幸二、岸本卓也，〈剣道書における「武士道」の研究：明治期から昭和初期に着目して〉，《体育・スポーツ科学研究》21（東京：國士館大學體育・スポーツ科學學會，2021），頁 9-13。

簡曉花，〈明治武士道に関する一考察――『現代大家武士道叢論』と浮田和民における武士道〉，《臺大日本語文研究》38（臺北：臺灣大學日本語文學系，2019），頁 105-131。

吉馴明子，〈植村正久の「明治武士道」からの分離〉，《明治学院大学キリスト教研究所紀要》50（東京：明治學院大學キリスト教研究所，2018），頁 249-268。

神谷昌史，〈浮田和民の社会構想と教育思想――言論活動出発期から倫理的帝国主義提唱期まで〉《滋賀文教短期大学紀要》20（滋賀：滋賀文教短期大學，2018），頁 1-10。

簡曉花，〈跨世紀的新透視：再論被馴化的明治國家意識型態下的日本基

督教徒兩大類型〉，《師大學報》第 63 卷第 2 期「日本明治維新一百五十週年」（臺北：國立臺灣師範大學，2018），頁 1-22。

アントニウス プジョ，〈明治期の日本における新渡戸稲造『武士道』の意義〉，《日本思想史研究》48（仙台：東北大學大學院文學研究科日本思想史研究室，2016），頁 114-131。

簡曉花，〈《坂の上の雲》之武士精神—與明治期武士道之比較—〉，《思與言》54 卷 1 期（臺北：思與言雜誌社，2016），頁 59-89。

簡曉花，〈明治30-40年代における武士道論に関する一考察—伝統思想への反省を中心に—〉，《臺大日本語文研究》第 31 期（臺北：臺灣大學日本語文學系，2016），頁 129-153。

村上こずえ，〈井上哲次郎『巽軒日記：明治四三年』〉，《東京大学史紀要》33（東京：東京大學文書館，2015），頁 61-114。

舩場大資，〈「明治武士道」にみる「文明の精神」の普及：新渡戸稲造と実業之日本社を中心に〉，《東アジア研究》13（山口：山口大學大學院東アジア研究科，2015），頁 223-245。

石井知章，〈浮田和民と「倫理的帝国主義」論〉，《アジア太平洋討究》19（東京：大東文化大學國際比較政治研究所，2013），頁 89-102。

西田毅，〈天皇制国家とキリスト教：「三教会同」問題を中心に〉，《ピューリタニズム研究》(7)（橫濱：日本ピューリタニズム學會，2013），頁 28-40。

和崎光太郎，〈初期丁酉倫理会における倫理的<修養>：姉崎正治と浮田和民に着目して〉，《教育史フォーラム》38（京都：教育史フォーラム・京都，2012），頁 3-17。

瓜谷直樹，〈井上哲次郎の儒学研究の再検討：陽明学を中心に〉，《教育文化》20（京都：同志社大學社會學部教育文化學研究室，2011），頁 107-81。

谷口真紀，〈新渡戸稲造の『武士道』——東西文化の架け橋〉，《比較文化研究》97（弘前：日本比較文化學會，2011），頁 77-87。

張崑將，〈明治時期基督徒的武士道論之類型與內涵〉，《臺大文史哲學

報》75（臺北：臺灣大學文學院，2011），頁 181-215。

M. La Fay，〈新渡戶稻造と内村鑑三の武士道〉，《基督教學》45（札幌：北海道基督教學會，2010），頁 30-39。

陳繼東，〈在中國發現武士道──梁啟超的嘗試〉，《臺灣東亞文明研究學刊》第七卷第 2 期（臺北：臺灣大學人文社會高等研究院，2010），頁 219-254。

張崑將，〈從前近代到近代的武士道與商人道之轉變〉，《臺灣東亞文明研究學刊》第七卷第 2 期（臺北：臺灣大學人文社會高等研究院，2010），頁 149-188。

藍弘岳，〈近現代東亞思想史與「武士道」：傳統的發明與越境〉，《臺灣社會研究季刊》85（臺北：臺灣社會研究國際中心，2010），頁 51-88。

張崑將，〈從前近代到近代的武士道與商人道之轉變〉，《臺灣東亞文明研究學刊》第七卷第 2 期（臺北：臺灣大學人文社會高等研究院，2010），頁 149-188。

蔡振豐，〈中國近代武士道理念的檢討〉，《臺灣東亞文明研究學刊》第七卷第 2 期（臺北：臺灣大學人文社會高等研究院，2010），頁 189-218。

藤井倫明，〈三島由紀夫與《葉隱》──現代日本文人所實踐的武士道〉，《臺灣東亞文明研究學刊》第七卷第 2 期（臺北：臺灣大學人文社會高等研究院，2010），頁 255-288。

江島顯一，〈明治期における井上哲次郎の「国民道徳論」の形成過程に関する一考察──『勅語衍義』を中心として〉，《慶應義塾大学大学院社会学研究科紀要》67（東京：慶應義塾大學大學院社會學研究科，2009），頁 15-29。

神谷昌史，〈民衆・群衆・公衆──浮田和民の民衆觀とデモクラシー〉，《国際比較政治研究》18（東京：大東文化大學國際比較政治研究所，2009），頁 76-92。

佐藤一伯，〈新渡戶稻造における維新と伝統──日本論・神道論を手がかりに〉，《明治聖德記念学会紀要》(45)（東京：明治聖德記念學

會，2008），頁 124-144。

松谷好明，〈象徴天皇制と日本の将来の選択──キリスト教的観点から〉《国際基督教大学学報. I-A, 教育研究》3（東京：國際基督教大學，2008），頁 22-79。

繁田真爾，〈一九〇〇年前後日本における国民道徳論のイデオロギー構造（下）井上哲次郎と二つの「教育と宗教」論争にみる〉，《早稲田大学大学院文学研究科紀要 第 3 分冊》54（東京：早稻田大學大學院文學研究科，2008），頁 173-184。

笠谷和比古，〈武士道概念の史的展開〉，《日本研究》35（京都：國際日本文化研究センター，2007），頁 231-274。

簡曉花，〈析論植村正久之基督教與武士道關係〉，《東華人文學報》8（花蓮：國立東華大學人文社會科學學院，2006），頁 4-5。

瀬川大，〈「修養」研究の現在〉，《研究室紀要》31（東京：東京大學大學院教育學研究科教育學研究室，2005），頁 47-53。

王成，〈近代日本における〈修養〉概念の成立〉，《日本研究　国際日本文化研究センター紀要》29（東京：岩波書店，2004），頁 117-145。

船津明生，〈明治期の武士道についての一考察─新渡戸稲造『武士道』を中心に─〉，《言葉と文化》4（名古屋：名古屋大學大學院，2003），頁 17-32。

鈴木康史，〈明治期日本における武士道の創出〉，《筑波大学体育科学系紀要》24（筑波：筑波大學體育科學系，2001），頁 47-55。

鈴木康史，〈明治期日本における武士道論の研究─方法論的議論─〉，《大手前大学人文科学部論集》2（兵庫：大手前大學・大手前短期大學，2001），頁 65-76。

小川智瑞恵，〈浮田和民における人格論：キリスト教理解とシンクレティズムをめぐって〉，《日本の教育史学：教育史学会紀要》38（東京：教育史學會，1995），頁 78-96。

武田清子，〈浮田和民の「帝国主義」論と国民教育：明治自由主義の系譜〉，《国際基督教大学学報. I-A, 教育研究》21（東京：國際基督

教大學，1978），頁 1-27。

武田清子，〈天皇制とキリスト者の意識：日本における人間形成の一問
　　題として〉，《聖学院大学総合研究所紀要》44（埼玉：聖學院大
　　學總合研究所，1956），頁 49-67。

佐藤堅司，〈「武士道」といふ語の起原と發達──「武士道思想の發
　　達」を傍系として〉，《駒澤地歷學會誌》2（東京：駒澤大學，
　　1939），頁 7-27。

D. 研討會論文

王海，〈1968 年前後司馬遼太郎的國家敘述──《阪上之雲》及其周
　　邊〉，第四屆日本研究年會「国際日本研究の可能性を探る─人
　　文・社会・国際関係─」（臺北：當代日本研究學會・臺灣大學文
　　院・臺灣大學日本研究中心・臺灣大學日本語文學系所・臺灣大學
　　文學院「跨國界的化傳釋」研究計畫・日本交流協會，2013）。

簡曉花，〈植村正久における明治期天皇制イデオロギー〉，
　　「【EACJS】第 4 回東アジア日本研究者協議会」（臺北：東アジ
　　ア日本研究者協議會・臺灣大學文學院日本研究中心，2019）。

誌 謝

　　本書所收錄之論文，乃筆者近年累積之研究成果，其中除了第一章序論與第六章結論之外，第二章、第三章、第四章、第五章、附論均出版於 THCI 或 TSSCI 收錄之學術期刊，藉此專書之出版，各論文或有修改或有增幅，在此謹向下列期刊發行單位以及研討會主辦單位的支持，致上由衷感謝。

第二章　〈明治期武士道之內涵：從《坂の上の雲》談起〉
　　　　原以〈《坂の上の雲》之武士精神：與明治期武士道之比較〉為題，刊於《思與言 人文與社會科學期刊》54(1)，2016 年 3 月，頁 59-89。ACI、THCI、TSSCI。

第三章　〈明治期武士道之性格：自明治 30-40 年代之武士道論觀之〉
　　　　原日文稿以〈明治 30-40 年代における武士道論に関する一考察：伝統思想への反省を中心に〉為題，刊於《臺大日本語文研究》31，2016 年 6 月，頁 129-153。ACI、THCI。

第四章　〈明治期武士道爭議：武德武士道 vs. 人格武士道〉

原日文稿以〈明治武士道に関する一考察──『現代大家武士道叢論』と浮田和民における武士道〉為題，刊於《臺大日本語文研究》38，2019 年 12 月，頁 105-131。ACI、THCI。

第五章　〈明治・大正之武士道：從人格武士道至平民道〉
　　　　原日文稿以〈天皇制イデオロギーにおけるキリスト教的武士道─綱島梁川と新渡戶稻造を中心として─〉為題，刊於《台大日本語文研究》47，2023 年 6 月，頁 97-122。ACI、THCI。

附　論　〈評張崑將教授之《電光影裏斬春風：武士道分流與滲透的新詮釋》〉
　　　　原刊於《文化研究 Router: A Journal of Cultural Studies》24，2017 年 10 月，頁 196-205。ACI、THCI、TSSCI。

本書為 112 年度國科會專題研究計畫（一般研究計畫）【「假面武士道」：明治時期基督徒的平民道與人格武士道】NSTC 112－2410－H－216－006－之研究成果。

國家圖書館出版品預行編目資料

武士道vs.基督教：
明治武士道與基督徒的假面武士道

簡曉花著. – 初版. – 臺北市：臺灣學生，2024.07
面；公分

ISBN 978-957-15-1943-2 (平裝)

1. 思想史　2. 武士道　3. 基督教　4. 日本

113.1　　　　　　　　　　　　　　　113007528

武士道 vs. 基督教：
明治武士道與基督徒的假面武士道

著　作　者　簡曉花
出　版　者　臺灣學生書局有限公司
發　行　人　楊雲龍
發　行　所　臺灣學生書局有限公司
地　　　址　臺北市和平東路一段 75 巷 11 號
劃　撥　帳　號　00024668
電　　　話　(02)23928185
傳　　　眞　(02)23928105
E‑m a i l　student.book@msa.hinet.net
網　　　址　www.studentbook.com.tw
登記證字號　行政院新聞局局版北市業字第玖捌壹號
定　　　價　新臺幣三〇〇元
出　版　日　期　二〇二四年七月初版
I S B N　978-957-15-1943-2

11301